언제나 질문하는 사람이 되기를

너머학교 고전교실 10

고전이
건네는 말
5

언제나 질문하는
사람이 되기를

수유너머R 글 · 김진화 그림

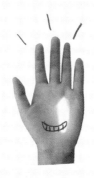

너머학교

시대를 넘어온 물음,
고전이 건네는 말

고전은 오래되었으나 나이 들지 않는 책입니다. 그 속에는 시대를 넘어온 물음이 담겨 있기 때문이지요. 오랜 시간 사람들은 고전이 던지는 물음을 읽어 내며 자신의 삶을 가꾸어 왔습니다. 그런 점에서 고전은 한 권의 책이 아니라 수많은 사람들의 삶이 연결된 질문의 덩어리, 생각의 교차로라고 할 수 있습니다. 우리는 고전 속에 담긴 물음을 읽으며 오랜 시간 이어져 온 배움의 과정에 동참하게 됩니다.

그렇다면 고전 속에 담긴 물음은 어떻게 읽어 내는 걸까요? 인문학연구공동체 '수유너머R'에서 평소 고전 공부를 하며 나누는 이야기가 있습니다. '읽다 보면 유독 눈이 머물고 가슴을 뛰게 만드는 문장이 있다. 그것을 붙잡고 생각을 이끌어 가라. 그러면 사유의 물꼬가 트이고 자기 삶의 문제를 보는 새로운 눈이 열릴 것이다!' 어려운 원문 앞에서 주춤거리는 초보에게 해 주는 조언이지만 연구실에서 강조하는 고전 공부의 핵심 자세이기도 합니다.

고전의 원문을 찬찬히 읽다 보면 마음을 두드리는 문장이 있습니다. 그 문장이 씨앗이 되어 여러 질문을 낳지요. 함께 공부하는 동료들과 그 질문을 나누고 다시 생각하는 과정에서 내 삶에 놓인 문제를 낯설게 보는 눈이 생깁니다. 삶을 변화시키는 앎이 거기서부터 하나씩 싹을 틔웁니다.

이렇게 고전이 우리에게 던져 준 하나의 질문, 하나의 말을 화두 삼아 글을 써 '고전이 건네는 말' 시리즈를 펴내게 되었습니다. 고전 속 씨앗문장과 더불어 원문을 짧게나마 함께 실어 읽어 볼 수 있게 했습니다. 요약본이나 해설서만 읽는 것은 어떤 사람에 대해 이야기만 전해 듣고 친구가 되었다고 믿는 것과 같아요. 고전은 고전 자체로 만나야 합니다. 고전이 전해 주는 생생한 말을 들으려면 말이지요.

이 시리즈는 연구실에서 열었던 기획 강좌 '10대를 위한 고전 읽기-시대를 넘어온 물음'의 결실입니다. 강좌에 참여한 10대들이 고전을 읽으며 두 눈을 빛내던 장면이 떠오릅니다. 고전이 자신에게 건넨 말을 어떻게 표현해야 할지 고심하던 동료들의 얼굴도 선하네요. 강좌에서 나누었던 질문을 되새기고 글을 다듬어 책으로 내는 과정 자체가 소중한 배움이었습니다. 그래서 『너는 네가 되어야 한다』『나를 위해 공부하라』『우정은 세상을 돌며 춤춘다』『감히 알려고 하라』

에 이어 올해에도 또 다른 질문을 담아 『언제나 질문하는 사람이 되기를』을 펴내게 되었습니다.

　고전 속에 담긴 물음 앞에는 나이 든 이도, 어린 사람도 따로 없습니다. 단지 오래전에 건너온 새로운 물음을 읽고 자기 삶을 가꾸어 가는 사람이 있을 뿐이지요. 이 책을 읽는 여러분도 고전이라는 교차로에서 자신만의 질문을 만날 수 있기를 바랍니다. 함께하는 동료, 친구들과 그 질문을 나누고 더 풍성한 배움으로 삶을 꾸려 갈 수 있기를 바랍니다.

| 차례 |

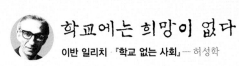

학교에는 희망이 없다

이반 일리치 · 『학교 없는 사회』

허성학

학교와 배움

배울 수 있다는 것. 과거에 그것은 굉장한 특권이었습니다. 신분이 낮은 사람이나 여자들은 꿈도 꾸지 못할 일이었고, 귀족과 특권층만이 누릴 수 있는 일이었습니다. 대부분의 사람들에게 배움의 기회란 닿을 수 없이 높은 곳에 매달린 열매와 같았습니다. 하지만 지금은 과거와 달리 많은 것이 바뀌었죠. 우리는 배움의 기회를 보장받는 시대에 살고 있습니다. 바로 학교를 통해서 말이지요. 학교는 과거처럼 신분을 따지지 않습니다. 특정 연령의 국민이면 누구든지 학교에서 교사의 전문적인 지도 아래 공부할 수 있으니까요. 학교 덕분에 배움의 기회는 모두에게 활짝 열리게 되었습니다.

이처럼 학교는 배움이라는 과거의 특권을 모두에게 나눠 준 제도라고 할 수 있습니다. 마치 그 옛날 신들의 전유물이었던 불을 사람들에게 나눠 준 그리스 신화의 프로메테우스처럼 말입니다. '앞서 생각한다.'는 뜻의 프로메테우스는 미래를 내다보는 능력을 가진 티탄족 신입니다. 그는 사람들에게 불을 쓰는 법, 연장을 만드는 법, 짐승 기르는 법, 집 짓는 법과 같은 여러 기술과 지식을 전수해 줬는데요. 덕분에 사람들은 음식을 익혀 먹고, 농기구를 써서 농사도 짓고, 식량도 비축하고, 추위도 막을 수 있게 되었습니다. 프로메테우스는 사람들이 굶주림이나, 맹수의 위협, 가뭄 등의 불확실한 미래를 대비하도록 계획해 준 것입니다. 그렇기 때문에 프로메테우스는 사람들에게 선견지명의 존재로 추앙받았던 것이죠.

한데 가만 보면 학교는 이와 닮았습니다. 프로메테우스가 사람들이 미래에 대비해야 할 것이 무엇인지를 계획해 주었듯이, 학교는 사람들이 앞으로 배워야 할 것이 무엇인지를 계획해 주니까요. 그러나 프로메테우스가 사람들에게 추앙받았던 것과 달리 오늘날의 학교는 우리 사회의 큰 문제 가운데 하나로 비판받고 있습니다. 많은 사람들이 학교는 더 이상 지식과 배움의 장소가 아니라고 성토하지요. 초·중·고등학교와 대학교로 이어지는 진학 과정은 사람들을 학력으로 줄 세우는 역할을 하고 있습니다. 어떻게 된 일일까요? 무엇이 잘못된 것일까요? 참 많은 사람들이 학교의 문제점을 지적하고 학교교육이 올바른 길로 나아가길 바라며 여러 의견들을 쏟아 냈습니다.

이반 일리치,
'학교 없는 사회'를 꿈꾸다

그런데 이 가운데 파격적인 주장을 했던 사람이 있습니다. 학교가 올바른 길로 나아갈 방법을 제시하기는커녕 오히려 학교는 없어져야 한다고 말했던 사람. 바로 이반 일리치(Ivan Illich, 1926~2002)입니다. 그는 학교가 배움의 기회를 보장하지 않고 오히려 배움의 활동을 독점하고 있을 뿐이라고 비판합니다.

흔히 학교 덕분에 누구에게나 배움의 기회가 주어졌다고들 합니다. 그러나 일리치에 따르면 학교는 사람들 각자가 저마다 필요한 것을 배우고 익힐 수 있도록 도와주는 곳이 아닙니다. 그보다는 사람들이 무엇을, 누구에게, 어떻게, 얼마나 배워야 하는지를 일일이 결정하고 감독하는 쪽에 가깝습니다. 일리치는 묻습니다. 그렇다면 이것은 자유롭게 배울 수 있는 우리의 권리를 오히려 학교가 뺏은 것 아니냐고. 누구나 학교에서 배울 수 있지만, 반대로 누구나 학교가 가르쳐 주는 대로만 배워야 하는 이 상황을 일리치는 배움에 대한 학교의 독점이라고 표현했던 것입니다.

일리치는 이러한 생각들을 담아서 『학교 없는 사회Deschooling Society』라는 책을 써냅니다. 『학교 없는 사회』는 1971년 출간 당시 굉장한 논쟁을 불러일으켰다고 합니다. 학교에 대한 그의 비판과 분석은 사람들에게 충격을 줌과 동시에 많은 공감을 얻어 냈습니다. 그리고 얼마 안 가 『학교 없는 사회』는 수많은 사람들의 입에 오르내리고 인용되는 책이 되었습니다. 일리치는 이 책으로 세상에 처음 알려졌습니다. 지금까지도 교육 문제를 이야기할 때 빠지지 않고 등장하는 사람 중 한 명입니다.

하지만 일리치도 처음부터 학교를 비판했던 사람은 아니었습니다. 다른 사람들처럼 그도 모든 사람들에게 배움의 기회를 보장해 주는 학교교육의 가치를 의심하지 않았습니다. 그러다 1958년에 에버렛 라이머라는 동료를 만났고, 이때부터 학교가 사람들의 배울 권리를 제한하는 결과를 만들지는 않는지 고민하기 시작했습니다. 새로운 문제의식에 눈뜨게 해 준 소중한 동료를 만난 것이죠. 일리치는 이 주제에 관해 라이머와 정기적으로 의견을 나눴습니다. 『학교 없는 사회』는 일리치 혼자만의 작품이 아니라 동료와 함께 공부한 결실이었습니다.

이반 일리치 오스트리아 출신의 철학자이자 신학자. 학교, 병원, 교통수단 등 현대 문명에 대한 비판으로 20세기에 큰 영향을 끼쳤다.

그때까지 나는 모든 사람에게 취학의무가 부과되는 것이 가치 있는 일이라는 데 의문을 품은 적이 없었다. 그러나 그(에버렛 라이머)와 함께 공부하면서 취학을 의무화한다는 것이 오히려 대다수 사람들에게 학습할 권리를 제약하고 있다는 공동의 인식에 도달하게 되었다.

일리치가 살았던 시절부터 우리가 살고 있는 지금까지 학교를 비판하는 사람들은 많이 있었습니다. 그래서 일리치가 학교를 비판하게 되었다는 것 자체가 대단한 사건은 아닙니다. 그러나 그중 누구도 일리치만큼 과감하게 학교 바깥을 상상했던 이는 없었습니다.

학교교육에 대한 비판은 사람들마다 다양하죠. 획일적인 교육이다, 개성을 말살하는 교육이다, 창의성을 기르지 않는 교육이다 등등. 이런 비판들 모두 학교에 대한 문제 제기입니다. 지금의 학교와는 다른 대안을 요구하는 목소리들이고요. 그런데 이러한 비판도 결국엔 학교라는 틀을 벗어나지 못합니다. 이를테면 학생의 개성을 살릴 수 있는 수업을 추가하자든가, 창의성을 기르기 위해 시험문제를 바꾸자든가, 학생들이 협력하고 협동하도록 학급 활동을 시키자는 식으로 끝맺고 마는 것이죠.

하지만 일리치의 생각은 이와 전혀 다릅니다. 그는 학교 자체를 비판했습니다. 그리고 그는 학교에 새로운 제도나 새로운 시스템을 만들어야 한다거나, 새로운 학교를 세워야 한다고 주장하지 않았습니다. 그는 학교 없이 우리가 어떻게 배울 수 있는지를 생각했던 사람입니다. "학교 없이 어떻게 교육이 가능해?"라는 두려움과 의문을 걷어내고, 다른 배움을 꿈꿀 수 있는 구체적인 방법을 생각했던 사람입니다. 일리치의 상상은 '더 나은 학교'가 아니라 바로 '학교 없는 사회'를 향해 있었기 때문입니다. 그는 진심으로 '학교 없는 사회'를 꿈꿨습니다. 바로 이 점이 다른 사람들과 다른 이반 일리치의 특징입니다.

학교는 의례를
배움으로 만든다

그런데 일리치가 말한 '학교 없는 사회'란 뭘까요? 말 그대로 학교가 없어진 사회라는 뜻일까요? 그런 뜻일 수도 있겠죠. 그는 학교를 폐지해야 한다고 말했으니까요. 그러나 여기서 일리치의 '학교 없는 사회'를 학교가 없는 사회로만 이해하면 곤란합니다. 즉 그의 '학교 없는 사회'는 다른 모든 것이 그대로인 채로 학교만 쏙 없어진 사회가 아니라는 말입니다. 일리치의 주장은 그렇게 단순하지 않습니다.

그는 이렇게 말합니다. 자신이 진정으로 문제 삼는 것은 학교가 만들어 내는 '학교화'라고요. 그러니까 일리치가 꿈꿨다는 '학교 없는 사회'는 바로 '학교화되지 않은 사회'를 의미합니다. 단순히 '학교 건물이 없는 사회'가 아니란 것이죠.

「학교 없는 사회」 스페인어판 표지 이반 일리치의 대표적인 책. '학교화'된 사회를 비판하고 대안을 제시한다.

　여기서 '학교화'된다는 게 무슨 뜻일까 싶을 텐데요. 조금은 깊이 생각해야 하는 말입니다. 하지만 그 전에 일리치가 학교의 어떤 면을 비판적으로 보았는지 짚어 봐야 할 것 같습니다. 대체 학교의 어떤 점이 문제여서 이런 말이 나온 것일까요?

　일리치는 말합니다. 학교는 사람들이 학교의 교육과정을 따르는 것만으로 뭔가를 배운 것처럼 여기게 한다고요. 그가 보기에 학교는 학교의 교육적 형식에 불과한 것을 마치 배움 그 자체인 것처럼 만들었습니다. 학교에서 수업을 듣는 일이 배운다는 활동이 되고, 졸업장을 받는 일이 뭔가를 배웠다는 확실한 증거가 되어 버리는 것입니다. 사람들은 학습이나 자기 공부를 완전히 학교에다 맡겨 버렸죠. 그 결과 우리는 '내가 배우고 싶은 것'을 고민하기보다 학교같이 '나를 교육시켜 줄 곳'을 찾고 기대하는 것에 훨씬 익숙해졌습니다.

학교는 국가가 인정하는 공식적이며 전문적인 교육기관입니다. 그래서 우린 학교에 다닌다는 것만으로 참되고 수준 높은 교육을 받는다고 여깁니다. 학생들은 전문적 지식을 갖춘 교사, 교육부의 심사를 거친 교과서, 교육과정에 맞춘 수업 시간표, 이 모두를 갖추고 있는 학교의 형식대로 배우며 따릅니다. 이때 무엇을 배웠는지, 배운 것을 어떻게 활용할 생각인지, 나에게 어떤 의미인지는 중요하지 않습니다. 학교에 다닌다는 것, 학교의 교육과정을 잘 따르는 것, 학교가 주는 졸업장을 얻는 것, 이런 것들이 중요합니다. 내가 교육을 받았다는 것을 확실히 보증하기 때문입니다.

이렇게 학교가 배움을 출석, 수업, 숙제, 시험, 졸업으로 형식화해 놓았기 때문에 우리는 그 과정을 단계적으로 따르는 것만으로 전문적인 교육을 받고 있다고 착각하기가 쉽습니다. 일리치는 이런 착각에 대해 굵직한 한마디를 내뱉습니다. 학교의 교육과정이란 이러한 형식을 유지하는 것일 뿐이라고, 즉 학교교육은 '의례'일 뿐이라고요. 의례는 어떤 본질적인 가치 없이 치러지는 행사나 절차라는 뜻입니다. 일리치는 이런 학교의 의례는 우리의 배움을 도와주는 게 아니라 오히려 우리를 진정한 배움에 이르지 못하게 작동한다고 지적합니다. 학교는 배움이 학교에서만 가능하다는 생각을 심는다는 것이지요. 마치 교회에 다녀야만 구원받을 수 있다는 듯이 말입니다.

> 평등한 교육 기회라는 목표를 의무 취학과 같은 것으로 생각하는 것은 구원과 교회를 같은 것으로 생각하는 것이다. (…) 국가는 학교를 이용하여 모든 국민을 각기 등급 지어진 졸업장과 결합된 교육과정 속에 의무로 끌어들이기는 했으나, 그것은 지난날의 성인식 의례나 성직자 계급을 승급시키는 것과 다름이 없다.

무언가를 배운다는 건 한 사람의 능동적인 활동입니다. 그러나 학교는 무엇을, 누구에게, 어떻게 배울 것인지를 계획해 줌으로써 정작 배움이라는 활동에서 그 사람을 배제시켜 버립니다. 배움의 과정에서 주체가 소외되는 것이죠. 그래서 학교는 호기심을 가지고 스스로 탐구하는 학생이 아니라 무기력하고 의욕 없는 학생을 만들게 됩니다. 학교는 수업을 통해 학생들이 학습한다고 생각하지만, 일리치가 볼 때 수업은 배움의 본질을 놓치고 학교의 형식적 의례에만 매달리는 일입니다. 수업은 학생을 위한 교육이 아니라 학교 자신을 위한 제도일 뿐입니다.

학교의 계획대로
움직이는 우리들

학교의 의례적인 성격 때문에 우리는 학교의 교육과정에 맞춰 배울 수밖에 없습니다. 학교는 학생이 자신의 궁금증을 붙들고 며칠을 고민하거나, 도서관에서 좋아하는 책을 주야장천 보도록 허용하지 않습니다. 학생은 공부를 해야 하고, 공부란 정해진 일정에 맞춰 수업을 듣는 일입니다. 선생님이 하는 말을 받아 적고 머릿속에 기억하는 일인 것입니다. 수업을 받다가 궁금한 게 떠올라도, 어느 단원이 재미있어도, 그런 고민과 흥미를 오래 붙잡고 있을 수 없습니다. 이해되지 않는 문제가 있어도 그렇습니다. 선생님은 다음 수업을 진행해야 하니까요.

제가 초등학교 다닐 때의 일입니다. 수학 시간이 끝나 갈 때면 선생님은 정해진 분량의 『수학 익힘책』을 풀라고 합니다. 다 풀면 바로 쉬는 시간이라고 하면서요. 저는 수학을 잘하지 못했습니다. 다른 친구들은 문제를 다 풀고 놀러 나갈 준비를 하는데 전 여전히 낑낑댔습니다. 그러다 문제가 안 풀려서 고개를 들어 보니 친구들은 대부분 운동장으로 나가고 없었습니다.

순간 짜증이 치밀어 올랐습니다. 부끄럽기도 했습니다. 나도 빨리 나가서 놀고 싶은데……. 반 친구들이 거의 빠져나간 교실에서 선생님은 다음 수업을 준비합니다. 전 용기를 내서 선생님께 모르는 문제를 물어보았습니다. 선생님은 친절하게도 몇 번에 걸쳐 분수 계산을 설명해 주었습니다. 하지만 쉬는 시간이 점점 끝나 가는 터라 제 맘은 딴 데 가 있었고, 또 제가 알아듣지 못할수록 선생님의 한숨이 깊어지고 목소리가 높아져서 몸은 빳빳이 굳어 버렸습니다. 그것도 잠시, 선생님은 다음 수업을 준비해야 했기 때문에 "일단 들어가 있어."라며 저를 돌려보냈습니다.

이 이야기를 꺼낸 건 선생님을 원망하고 싶어서가 아닙니다. 선생님도 어쩔 수 없다고 말하고 싶어서입니다. 선생님은 정해진 양만큼의 교육을 끝내야 하고, 이 학생이 문제를 풀 수 있는지 시켜 봐야 합니다. 그리고 다음 수업도 준비해야 하죠. 학교의 수업을 차질 없이 해내야 하므로 선생님은 한 학생에게만 정성을 쏟을 수 없고, 학생도 계속해서 선생님에게 궁금한 걸 물어볼 수 없습니다. 하루 동안의 정해진 수업을 다 끝마치는 것은 선생님과 학생 모두의 임무입니다.

이처럼 학교 입장에서 중요한 것은 수업을 진행한다는 사실입니다.

원래 학교는 여러 지식을 골고루 잘 배울 수 있도록 도와주려는 목적으로 교육과정을 계획합니다. 하지만 실제로는 사람들을 계획에 따라 정해진 대로 움직이게 만드는 구령이 되어 버립니다.

일리치는 졸업장에 대해서도 비판합니다. 정해진 수업을 다 받고 나면 학생들은 졸업장을 받습니다. 이 졸업장은 학생이 학교에서 전문적이고 체계적인 공부를 모두 끝마쳤다는 사실을 증명하는 증표가 됩니다. 그런데 사람들에게는 졸업장이 학생의 능력을 재는 척도로 작동합니다. 사실 졸업장은 그저 계획된 교육과정을 따른 학생에게 학교가 주는 것일 뿐인데 말입니다. 학교에서 배운다는 것은 이제 졸업장을 따는 과정에 지나지 않습니다. 졸업장 말고는 자신의 능력을 증명할 방법이 없기 때문입니다.

배운다는 것에서
소외되다

학교는 자율적인 공부를 수업으로, 한 사람의 능력을 학력으로 바꿔 놓았습니다. 일리치는 바로 이런 현상을 두고 '학교화'되었다는 표현을 사용했던 것입니다. 그는 배운다는 것과 학교 수업을 듣는다는 것을 혼동하는 이런 일이 학교화된 사고방식을 만들어 낸다고 보았습니다. 수업과 자율적인 공부를 혼동하고 졸업장을 능력의 증거로 생각하게 되면, 학교만이 배움의 능력을 보장하는 유일한 제도라고 인식하게 된다는 것이죠.

일리치는 학교화라는 말을 통해서 더 깊은 이야기를 하려 했습니다. 학교화가 학교만의 일이 아니라고 생각했기 때문입니다. 그는 오늘날의 사회 전체가 점점 학교화되어 간다고 보았습니다. 학교화는 학교뿐 아니라 병원, 경찰 등 다른 제도의 산물이기도 합니다. 학교가

'학교가 있어야 배울 수 있다.'는 생각을 만들듯이, 병원도 '병원이 있어야 건강을 지킬 수 있다.'는 생각을 만들며, 경찰도 '경찰이 있어야 안전이 유지된다.'는 생각을 만든다는 것이죠.

　실제로 학교화된 사고방식은 사회 곳곳에 만연해 있습니다. 우리는 한 나라의 교육 여건을 학교 개수로 가늠하고, 가벼운 감기에 걸려도 병원의 처방을 받아야 비로소 안심하며, 경찰 인력이 많아질수록 안전해진다고 생각하는 데 참 익숙합니다. 따라서 우리는 무언가를 스스로 하기보다는 전문가의 말 한마디를 훨씬 신뢰하고, 자신의 경험보다는 전문적인 프로그램에 따라 움직입니다. 이것이 일리치가 말한 학교화된 사회의 모습입니다.

　배움, 건강, 안전과 같은 가치가 전문적인 제도나 기관의 도움 없이는 유지될 수 없다고 여기는 것. 사람들 나름의 방식으로 추구하고 만들어 갈 수 있는 일이 아니라고 생각하는 것. 그 일들을 우리 자신이 하기보다 교사, 의사, 경찰과 같은 전문가들에게 맡겨야 한다고 보는 것. 학교화된 사회는 우리 스스로는 배울 수 없고, 우리 스스로는 건강해질 수 없고, 우리 스스로는 안전을 확보하지 못한다고 말하는 사회와 같습니다. 다시 말해 학교화된 사회는 우리의 자율과 능동성이 사라진 사회이고, 스스로의 힘으로 무언가를 희망할 수 없는 사회, 전문적인 제도에 기대하기만 하는 사회를 의미합니다.

　　즉 ('학교화'된 사람들은) 병원의 치료를 건강으로, 사회복지를 사회생활의 개선으로, 경찰 보호를 사회 안전으로, 무력 균형을 국가 안보로, 열심히 일하는 것 자체를 생산적 노동으로 오해하게 된다. 그 결과 건강, 학습, 존엄, 독립, 창조 등의 가치가 이들 가치에 봉사하고 있는 제도보다 못한 것으로 오해되고 마는 것이다. 그리고 건강, 학습 등이 증진되는 것인지 여부는 병원, 학교 및 기타 시설의 운영에 더 많은 자금과 인원이 할당되고 있는가에 달려 있다는 잘못된 인식을 하게 만든다.

일리치가 지적했던 것은 학교라는 제도에서 비롯되는 학교화였습니다. 그래서 그가 진정으로 벗어나고자 했던 것은 학교라는 건물이 아니라 학교화된 사회였습니다. 그의 학교 비판은 이런 맥락에서 나온 겁니다. 일리치는 이런 학교화된 사회는 배움이나 건강, 안전과 같은 가치를 우리에게서 멀어지도록 만든다고 보았습니다. 우리 스스로 해선 안 되는 것, 감히 건드리면 안 되는 것으로 말입니다. 참 역설적입니다. 학교 덕분에 배움의 공간은 그 어느 때보다 우리와 가까워졌지만, 학교화된 사회에서 배움의 감각은 그 어느 때보다 우리와 멀어졌으니까요.

교육뿐만 아니라 현실 사회 전체가 '학교화'되어 가고 있다. (…) 부자나 빈자나 모두, 그들의 삶을 이끌고 세계관을 형성하며 합법성을 정의하는 학교와 병원에 의존한다. 이 두 가지는 스스로 공부함은 신뢰할 수 없는 것이고, 스스로 치료함은 무책임한 짓이며, 행정 당국에 의해 비용이 지불되지 않는 주민 조직은 공격적이거나 파괴적인 활동일 뿐이라고 주장한다. 이 두 집단은 제도적 보호에 의존하므로 제도에 의존하지 않는 독립적인 활동을 회의적으로 본다. (…) 따라서 나는 교육뿐만 아니라 '사회 전체의 탈학교화'가 필요하다고 주장한다.

이제 '사회 전체의 탈학교화', 다시 말해 '학교 없는 사회'가 뜻하는 바를 이해할 수 있을 겁니다. 단순히 학교를 없애자는 것이 아니라 우리를 둘러싼 학교화된 사고방식과 대결하고, 그것을 넘어서자는 메시지가 들어 있습니다. 일리치는 우리 자신의 능력을 신뢰할 수 있는 사회를 꿈꾸었던 것이지요.

배움을 다시 생각한다

일리치가 학교 없이도 배움이 가능하다고 생각했던 건 실제로 자신이 설립한 국제문화자료센터(CIDOC)에서 경험한 바가 있기 때문입니다. 이 센터는 1961년 멕시코 쿠에르나바카에 설립되었습니다. 이곳은 세계의 급진적인 사상가와 활동가들의 근거지로 명성이 자자했습니다. 이곳은 학생부터 유명한 지식인까지 모두가 각자의 주제로 세미나도 열고 토론도 하는 공간이었습니다. 이곳에서 공부하는 사람들은 교수님이 없이도, 학점에 매달리지 않고도 자율적으로 모여 책을 읽고 이야기 나눴습니다. 일리치도 센터 운영만 한 게 아니라 10년 넘게 직접 세미나를 진행하면서 이곳에서 공부했습니다.

그사이 이뤄 낸 이 센터의 성과는 꽤 놀라운데요, 한 책에 따르면

가장행렬 일행과 함께 1962년 국제문화자료센터를 운영할 때, 민속의상을 입은 가장행렬과 함께 찍은 사진. 가운데 흰 와이셔츠를 입은 사람이 이반 일리치이다.

"국제문화자료센터는 8년 사이에 320편의 학문적 문헌을 간행했"고, "세계의 어느 대학도 이루지 못한, 19세기 남미 문헌의 대부분에 관한 방대한 색인화 작업을 완성했다."고 합니다. 그리고 흥미로운 이야기가 있습니다. 일리치와 함께 이 센터를 운영한 사람들이 60여 명인데, 이들 대부분 대학을 졸업하지 않은 멕시코 사람들이었다고 합니다. 그런데 이들은 센터 운영을 하면서 자연스레 센터 일에 필요한 외국어를 익혔습니다. 1년 만에 영어, 프랑스어, 독일어를 습득했다는군요. 대단한 과외를 받은 게 아니라 그저 일하면서 배운 결과였습니다.

일리치는 전문 교사나 단계적인 교과서나 학년 구분 없이도, 언어를 익히고 기술을 배울 수 있다는 걸 직접 확인했습니다. 새로운 교육 제도를 만들거나 계획해 주는 방식은 일리치의 방식이 아닙니다. 그보다는 배우고자 하는 사람 스스로 배움의 기회를 발견하길 바랐습니다. 그는 배움이란 그 사람의 삶 속에서 이루어지는 활동이라고 보았습니다. 그래서 가족, 친구, 마을을 비롯한 모든 주변 환경과 사물들과의 관계를 배움의 순간으로 구성할 수 있다고 생각했습니다. 센터에서 일하면서 외국어를 배운 이들이 보여 주듯이, 어떤 삶의 공간에 놓여 있는지에 따라 그 사람이 배우고 익힐 수 있는 것은 달라집니다.

누군가의 계획이나 결정 없이도 스스로 배우고 익힐 능력이 있다면, 우리에게 필요한 것은 학교만이 유일한 배움의 공간이라는 생각 때문에 외면했던 일상의 것들을 배움의 기회로 삼는 일입니다. 그것은 나의 주변 환경과 이제까지와는 다른 관계로 만나는 일이고, 나의 일상을 의미 있는 관계들로 채워 나가는 일이기도 합니다.

학교에 의존하지 않는 대안이라는 것이 사람들을 가르치는 새로운 고안물을 얻기 위해 공공 재원을 이용하는 일은 아니다. 오히려 그것은 인간과 환경 사이에 새로운 양식의 교육적 관계를 만들어 내는 일이다. 새로운 양식을 육성하기 위해 성장에 대한 태도, 학습에 유효한 도구 및 일상생활의 질과 구조가 동시에 변혁되어야 한다.

사람들은 자율적이고 주체적으로 무언가를 배울 수 있어야 합니다. 그래서 훌륭한 교육제도는 '무엇을 배워야 하는가'를 정해 줄 게 아니라 '무엇을 배우려 하는가'를 물어야 합니다. 또 훌륭한 교육제도는 배워야 할 내용을 알려 줄 게 아니라 배우려는 내용에 접근할 수 있도록 도와줘야 합니다. 이런 일리치의 생각은 그가 바라는 교육제도가 어떤 것인지를 짐작게 합니다. 그는 제도가 사람들의 능동적인 태도를 해하지 않으면서도, 사람들이 언제든지 활용할 수 있는 도구여야 한다고 했습니다.

일리치는 사람들이 배움의 주인으로 살아가길 바랐고, 인간의 본질을 믿었습니다. 인간은 본래 능동적으로 자신의 삶에서 가치를 실현하는 주체라고 말이죠. 그러니 교육제도는 필요에 따라 사람 혹은 사물들을 연결해 주는 역할만 하면 충분합니다. 무엇을 배울 것인지, 어떻게 배울 것인지는 그 만남 안에서 주체들 서로가 만들어 나갈 수 있으니까 말입니다.

기대를 만드는 배움,
희망을 낳는 배움

일리치가 말했던 배움은 여태까지 학교에서 배웠던 것과는 다른 배움입니다. 교재나 학과가 다른 게 아닙니다. 배움의 의미 자체가 다른 것입니다.

일리치에게 '배운다는 것'은 수업이라는 형식에 맞추는 일도, 시험 점수나 학력을 따내는 일도 아니었습니다. 배운다는 것은 '역량'을 키우는 일입니다. 어떤 일을 해낼 수 있는 힘을 길러 주는 것, 알고 익혀서 자신의 쓰임에 따라 배운 바를 활용하고 삶의 문제를 헤쳐 나갈 수 있도록 성장시켜 주는 것입니다. 진정한 배움은 우리가 무엇인가를 스스로 시도하고 창조하고 꿈꿀 수 있도록 해 줍니다. 진정한 배움은 전문가의 지시와 결정을 마냥 기다리며 '기대'하게 만들지 않습니다. 진정한 배움은 자신의 가능성을 신뢰하고 불확실한 미래와 마주했을 때조차 그 미래를 '희망'할 수 있게 만들어 줍니다.

일리치는 '희망'과 '기대' 사이에서 묻습니다. 우리의 배움이 '희망'을 낳는 배움인지, '기대'를 만드는 배움인지 말이죠. 실제로 그는 '희망'과 '기대'를 엄격히 구별했습니다. 그에게 '희망'이란 우리의 힘과 능력을 신뢰하는 것입니다. 반면 '기대'란 제도에 의해 계획되고 통제된 결과에 따르는 것입니다. '희망'이란 우리 자신의 역량을 믿는 것이고, '기대'란 예측 가능한 절차로부터 오는 만족을 기다리고 바라는 것입니다.

일리치에게 '배운다는 것'은 나를 '희망'할 수 있게 되는 것이었습니다. 삶은 계획대로만 흘러가지 않습니다. 때로 어떤 문제에 부딪히거나 어떤 난관에 봉착할지도 모릅니다. 그때 우리는 제도에만 의존할 것이 아니라 자신의 힘으로 해결 방법을 찾고 역량을 발휘할 수 있어야 합니다. 교육은 그런 자세를 길러 주는 것이어야 하고요. 그래서 그에게 배운다는 것은 '희망'을 키우는 일이었던 겁니다. 어떤 미래가 오더라도 그 미래를 우리의 힘으로 만들어 갈 수 있도록 말입니다.

그리고 정말 그렇게만 된다면, 우리는 배움이 주는 가장 값진 선물을 얻게 되는 것입니다. 또한 배움의 의미는 완전히 달라집니다. 배움은 우리를 살찌우고 우리를 성장시키는 우리의 활동이 될 겁니다. 공식을 외우거나 틀린 지문을 찾아내는 것과는 아주 다른 의미의 배움이 시작될 것입니다.

일리치가 구별한 '희망'과 '기대'를 통해서 분명해지는 점이 있습니다. 학교의 배움엔 '희망'이 없습니다. 학교가 배움을 제공해 줄 거라는 '기대'만 있을 뿐이지요. 이는 단순히 학교를 비난하려는 말이 아닙니다. 학교에만 하는 말도 아니고요. 일리치는 학교뿐만 아니라 병원이나 경찰, 그 밖의 학교화된 모든 영역에서 '희망'을 제거당한 사람들을 보았습니다. 스스로는 무엇인가 할 수 없다고 믿는 사람들을요.

학교에는 희망이 없다

학교는 스스로 배울 수 있다는 신뢰를 주지 않습니다. 학교는 선생님이 가르치는 수업 내용 이외의 것은 배움이 아니고 믿을 수 없는 것이라고 말합니다. 학교는 학생이 배워야 할 내용과 그 방법을 계획합니다. 그리고 학생이 학교의 움직임에 맞춰 학습하길 요구합니다. 따라서 학생의 배움은 예측 가능한 범위를 벗어나지 않습니다.

이 같은 모습의 학교는 일리치에게 있어서 '희망'을 키워 주는 곳이 아니라 '기대'를 늘리는 곳입니다. 자율성을 가로막고, 배움이라는 활동에서 사람들을 소외시키고, 타율적인 존재로 길들이는 곳에서 사람들은 자신을 신뢰할 수도, 마음껏 역량을 발휘할 수도 없습니다. 즉 삶을 스스로 '희망'할 수 없는 것입니다.

희망을 말하는
판도라의 상자

마지막으로 여러분께 들려 드릴 이야기가 있습니다. 여러분도 한 번쯤은 들어 보셨을 '판도라의 상자' 이야기입니다. 앞서 프로메테우스에 대해 언급했던 것을 기억하나요? 앞으로 일어날 일을 내다보고, 해야 할 일을 계획해 준다는 점에서 프로메테우스와 학교가 닮았다고 했는데요, 프로메테우스는 이 판도라의 상자 이야기에도 등장합니다. 아름다운 여인 판도라도 등장하고요. 그리고 등장인물이 한 명 더 있습니다. 바로 프로메테우스의 동생이자 판도라의 남편인 에피메테우스입니다.

프로메테우스에 비해 에피메테우스는 사람들에게 그다지 칭송받지 못했습니다. 아니, 차라리 조롱의 대상이었다고 하는 편이 맞을 겁니다. 프로메테우스의 경고를 무시하고 판도라와, 다시 말해 인류에게 재앙을 퍼뜨린 원흉과 결혼해 버렸기 때문인데요. 자세한 내막을 알아보죠.

이야기는 프로메테우스에서 시작됩니다. 잘 알려진 것처럼, 그는 제우스 몰래 인간들에게 불을 가져다주었습니다. 덕분에 인간들은 다른 동물보다 우월한 입장에서, 지배자처럼 군림할 수 있게 되었습니다. 제우스는 이에 몹시 화가 나서 두 가지 처벌을 내립니다. 먼저 신들의 불을 훔친 프로메테우스를 절벽에 매달았습니다. 그리고 독수리가 매일 그의 간을 쪼아 먹도록 했죠. 다음으로 제우스는 인간들을 벌하기 위해 어떤 '선물'을 만듭니다. 그 선물이 바로 인류 최초의 여성 판도라입니다.

제우스는 판도라에게 호기심이라는 덕목을 불어넣은 다음 그녀에게 상자를 하나 건넵니다. 그리고 절대 이 상자를 열어 보지 말라고 당부하죠. 제우스는 판도라를 에피메테우스에게 보냈습니다. 그리고 에피메테우스는 아름다운 판도라와 결혼했습니다.

그런데 판도라와 함께 지상에 내려온 이 상자에는 온갖 악이 담겨 있었습니다. 제우스는 판도라가 호기심을 참지 못해 상자를 열 것이라고 생각했죠. 그 생각은 맞아떨어졌습니다. 판도라가 상자를 열자마자 상자 안의 악들이 전부 빠져나갔습니다. 판도라는 뒤늦게 자신이 실수했음을 깨닫고 황급히 상자를 덮었습니다. 하지만 상자 안엔 희망 말고는 아무것도 남아 있지 않았습니다. 그리스 신화는 이때부터 세상에 불행과 재앙이 퍼졌다고 설명합니다. 그 이후로 '판도라의

「판도라와 유혹」 판도라는 호기심을 참지 못하고 상자를 연다. 1892년 출간된 책에 실린 월터 크레인의 삽화.

상자'는 뜻밖의 재앙이라는 의미를 띠게 되었습니다.

한데 한 가지 걸리는 게 있습니다. 온갖 악이 빠져나가고 남은 상자에 왜 희망이 있었던 걸까요? 그것은 판도라가 이 땅에 내려온 희망의 보존자이기도 했기 때문입니다. 자기 자신을 신뢰하고, 다가올 앞날을 긍정할 수 있도록 하는 희망 말입니다. 고대 그리스인들은 판도라가 희망을 의미하기도 한다는 점을 잊었습니다. 이들이 기억하는 것은 그녀가 해방시킨 악뿐입니다.

그리스인들의 관심은 오직 상자에서 튀어나온 이 악들을 통제할 제도를 만드는 데 쏠렸습니다. 그리고 이들은 이런 제도를 통해서 다가올 불확실한 미래를 예측 가능한 것으로 기대할 수 있기를 원했습니다. 이는 프로메테우스를 본받으려는 행동이기도 했습니다. 프로메테우스처럼 다가올 앞날을 알 수 있다면 재앙을 미리 피할 수 있을 거라고 보았기 때문이죠.

사람들은 희망은 잊어버리고 그 자리를 예측 가능한 것, 즉 기대로 채웠습니다. 판도라가 의미하는 희망이 아니라 프로메테우스가 의미하는 기대를 말이죠. 한편으로 제도를 통해 고통을 방지하고 불확실함을 걷어 낸 안전한 미래를 얻는 것이지만, 다른 한편으로는 이 제도가 계획해 주고 통제해 주는 미래만을 얻는 것입니다.

그러나 판도라의 곁에는 에피메테우스가 남아 있었습니다. 판도라가 세상에 악을 퍼트렸어도 에피메테우스는 판도라를 떠나지 않았습니다. 에피메테우스는 우리에게 무엇을 말해 주는 걸까요? 판도라는 희망의 보존자였습니다. 에피메테우스는 그녀의 남편이고요. 그러니까 에피메테우스는 사람들이 외면했던 그 희망과 유일하게 함께한 존재인 것입니다. 그래서 에피메테우스는 계획하는 대로 따르지 않는 자, 미래를 희망하는 자의 모습을 보여 줍니다. 그는 예측 가능한 미래를 기대하지 않았습니다. 오히려 그런 미래를 거부했습니다. 미래를 예견할 수 있는 형의 말을 따르지 않았다는 점에서 잘 드러나죠.

'앞서 생각한다.'는 뜻의 프로메테우스와 달리 '나중에 생각한다.'는 뜻의 에피메테우스는 주로 '바보'나 '우둔'이라는 의미로 불렸습니다.

하지만 그는 그만의 재주가 있습니다. 그는 자신을 신뢰할 줄 압니다. 이것은 큰 덕입니다. 제도의 계획에 따르는 삶은 안전하고 현명해 보입니다. 그러나 그런 안전함과 현명함은 삶이 계획된 결과를 벗어나면 바로 무너져 버립니다. 반면 자신을 믿는 '바보' 에피메테우스의 삶은 고난과 고비가 있을지라도 무너지지 않습니다. 그에겐 삶을 살아갈 힘이 있기 때문입니다. 자신을 신뢰하는 힘 말입니다. 그래서 그는 미래를 희망할 수 있습니다. 그의 앞엔 판도라가 의미하는 희망과 함께, 삶에서 필요한 것들을 끊임없이 시도하고 창조할 수 있는 넓은 대지가 펼쳐져 있는 것입니다.

학교에 의존하지 않는 대안이라는 것이

사람들을 가르치는 새로운 고안물을 얻기 위해

공공 재원을 이용하는 일은 아니다.

오히려 그것은 인간과 환경 사이에

새로운 양식의 교육적 관계를 만들어 내는 일이다.

새로운 양식을 육성하기 위해 성장에 대한 태도,

학습에 유효한 도구 및 일상생활의 질과 구조가

동시에 변혁되어야 한다.

스스로 생각하고
말할 수 있어야 한다

바뤼흐 스피노자 · 『신학정치론』

노규호

내 삶을 건강하게
만드는 것

한번은 새로 알게 된 형과 분식집
에서 김밥을 먹고 있었습니다. 그런데 형이 손에 든 김밥이 자꾸 터지
고 옷에 떨어졌습니다. 형에게는 뇌병변 장애가 있어서 김밥을 손으
로 입에 온전히 넣기가 쉽지 않았습니다. 형의 얼굴은 땀범벅이 되었
습니다. 형은 옷에 떨어진 김밥을 다시 집어 먹기도 했습니다. 저는
형의 옷이 더러워지는 것이 신경 쓰였습니다. 또 사람들이 이쪽을 보
고 수군거리는 것 같았습니다. 저는 "형, 제가 도와 드릴까요?"라고 물
었습니다. 그러자 형이 말했습니다. "옷은 더러워지면 빨면 돼. 왜 내
손으로 먹을 수 있는데 그만두어야 하나?"

그 말을 듣는 순간 얼굴이 화끈거렸습니다. 형에게는 더러워진 옷
보다 남들 눈치 때문에 다른 사람에게 의존하는 것이 더 부끄러운 일

이었던 것입니다. 그렇게 생각하자 형이 그렇게 멋져 보일 수가 없었습니다. 형을 이상하게 보는 사람들이 오히려 이상하게 보였습니다. '이렇게 자기에게 좋은 것을 하고 있는 줄도 모르고!' 하고 말이죠.

형은 다른 사람들 눈치를 보느라 안 하는 것을 택하지 않고, 조금 불편하더라도 스스로 할 수 있는 것을 택했습니다. '할 수 있다.'는 자존감을 높일 수 있는 선택을 한 것이죠. 저는 스스로에게 물었습니다. '나는 나 자신을 건강하게 만들기 위해 무얼 하고 있지?'라고 말이죠. 그리고 다른 사람들의 눈치를 보며 내가 무엇을 할 수 있는지도 모른 채 살고 있는 것 아닌가 돌이켜 보았습니다.

생각하지 않으면 내가 무엇을 할 수 있는지, 무엇이 나를 건강하게 만들어 주는지 영영 모르게 될지도 모릅니다. 그저 습관대로, 규칙대로, 남들이 좋다고 말하는 것을 자기도 좋다고 여기며 따라 할 뿐이지요. 영양가 있는 음식들이 아니라 자극적인 음식만 좇기 쉽고 하고 싶은 것, 할 수 있는 것을 알아 가는 기쁨 대신 돈이나 명예를 기준으로 타인과 비교함으로써만 기쁨을 느끼게 될 수 있습니다.

지금부터 소개하려고 하는 바뤼흐 스피노자(Baruch Spinoza, 1632~1677)라는 철학자 역시 건강한 삶을 살고자 했던 사람입니다. 그는 당시에 사람들이 교회와 정당의 이익을 위해 목숨을 바치려 하는 것을 이상하게 여겼습니다. '왜 이 사람들은 예속과 복종을 그토록 바라게 되었을까?', '어떻게 삶이 아니라 죽음을 욕망하게 되었을까?' 하고 말이죠.

'생각하는 사람' 스피노자

스피노자는 네덜란드 유대인 공동체에서 태어났습니다. 유대인들은 기원전 587년 유대왕국이 패망한 뒤로 영토 없이 떠돌아다니며 살았습니다. 오로지 유대교로 엮여 공동체를 이루며 살았죠. 어떤 나라에서 그들이 모여 사는 것을 원하지 않으면 다른 땅을 찾아 옮겨 다니며 살아야 했습니다.

당시 네덜란드에 살았던 유대인들은 스페인이나 포르투갈에서 박해를 받아 네덜란드로 넘어온 사람들이었습니다. 새로운 곳에 정착하면서 이들은 유대의 전통과 많이 단절되었습니다. 그래서 잃어버린 유대의 문화를 다시 찾고자 하는 강한 열망에 휩싸였습니다. 결속을 다지려고 규율을 엄격히 하기 시작했습니다. 그들은 유대 구전 율법(탈무드와 토라)의 규율을 강조했고 신에 대해 함부로 말하는 이가 있

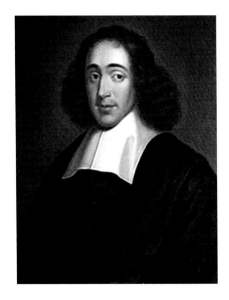

스피노자 네덜란드의 철학자. 인간의 본성에 대해 다룬 『에티카』, 신학과 민주주의의 문제를 다룬 『신학정치학』 등을 썼다.

으면 공동체에서 내쫓기도 했습니다.

예를 들어 이런 행동을 금지했습니다. 랍비의 권위에 무례하게 행동하는 것, 일상적인 이야기에서 신의 이름을 언급하는 것, 이방인의 법정을 이용하는 것, 유월절 전날 오후에 일을 하는 것, 도박을 하거나 거리에서 음란한 행동을 하는 것, 허가 없이 책을 출판하는 것, 유대 종교 언급이나 인용문을 담고 있는 편지를 스페인에 보내는 것, 여자가 이방 여자의 머리를 자르는 것, 신학적인 토론에 이방인을 참여시키는 것.

유대 공동체를 유지하기 위한 권위적인 규율들, 생활을 구속하는 도덕적인 금기 사항, 정치적인 관계가 고려된 사항들까지 점차 지켜야 할 조항들이 늘어 갔습니다. 이러한 율법이나 명령을 위반한 사람은 '불경한 자'라고 선포되었습니다. 특히 신에 대해 종교 지도자의 가르침과 다른 생각은 허용하지 않았습니다. 예를 들어 유대교에서는 인간은 육체가 사라진 이후에도 영혼은 영원히 존재한다고 주장했습니다. 그래서 죽고 난 이후에도 신의 보상이나 처벌이 영원히 따른다고 말했습니다. 이러한 영혼불멸설에 대해 의문을 품는 것은 받아들이지 않았습니다.

네덜란드의 많은 유대인들은 이러한 엄격한 분위기 때문에 신에 대한 자신의 생각을 감추어 버렸습니다. 말을 하고 나서도 문제가 생길 것 같으면 번복하기도 했습니다. 한번은 한 사람이 영혼불멸설에 질문을 던졌습니다. 신이 과연 처벌을 위해 있겠느냐고 물었던 것이지요. 죽은 다음에 처벌을 받을 거라며 사람들에게 공포를 주는 것은 신의 구원과 상관이 없다고 말했습니다. 결국 그는 1647년에 회당에서 그곳에 모인 유대인들 모두가 그의 가슴을 밟고 지나가는 형벌을 받습니다.

스피노자는 이렇게 완고해져 버린 유대 공동체에 대해 의문을 품었습니다. '영혼이 신체가 사라진 뒤에도 남아 있다는 이야기는 아무리 찾아보아도 성서에는 없는데?', '자비롭다는 신이 영원한 보상과 처벌을 준다는 것이 가당한 말인가?' 스피노자는 강요된 침묵 속에서도, 영혼불멸설에 대해 질문을 던집니다. 스피노자는 영원한 보상에 대한 희망과 처벌에 대한 공포는 종교 지도자들이 유대인들을 복종시키려고 조작해 낸 것이라고 주장합니다. 그리고 신을 신비로운 존재로 떠받드는 것은 좋지 않다는 글을 썼습니다.

이 소식을 전해 들은 유대 공동체는 스피노자에게 파문 선고를 내립니다. 당시 유대인들 중에는 파문 선고를 받으면 잘못을 인정하고 그대로 유대 공동체에서 살았던 사람들도 있었습니다. 유대 공동체를 떠나 가족 관계, 경제 수단을 한꺼번에 내려놓는 것은 쉽지 않았으니까요. 그러나 스피노자는 다음과 같이 답하며 유대 공동체를 가볍게 떠납니다.

"오히려 잘됐다. 그들은 내가 수치를 당할까 봐 두려워서 자발적으로 할 수 없었던 것을 행하도록 나에게 강요하지 않는다. 그러나 그들이 그 길을 원하기 때문에, 내가 떠나는 것이 옛날 히브리인들이 이집트에서 나왔던 것보다 더 결백할 것이라고 위로하면서, 나는 나에게 펼쳐진 그 길로 기쁘게 들어간다."

— J. 프로이덴탈, 『스피노자의 생애』

유대 공동체에서 나온 스피노자는 가족 없이 혼자였습니다. 아버지가 돌아가신 지 얼마 되지 않은 무렵이었습니다. 그는 안경 렌즈를 깎으며 생계를 유지했고 나머지 시간은 대부분 연구를 하며 지냈습니다. 숨을 거둘 때까지 하숙 생활을 하며 지냅니다. 그의 책상에는 연구에 필요한 책들과 렌즈 깎는 기계가 전부였습니다. 식사 역시 검소

스피노자의 집 스피노자가 살았던 집이다. 네덜란드 레인스뷔르흐에 있다.

했습니다. 스피노자는 건포도와 버터로 만든 묽은 죽 외에는 온종일 아무것도 먹지 않기도 했고, 한 달 동안 쓴 계산서에는 한 병이 채 안 되는 포도주를 산 기록만이 있었다고 합니다. 다른 사람의 초대를 받았을 때에도 자신이 가져간 빵을 즐겨 먹었다고 합니다.

그러나 그는 결핍에 시달리지는 않았습니다. 최소한의 생계를 유지하는 데 필요한 돈 이외의 돈은 누구에게도 받으려 하지 않았습니다. 한번은 한 친구가 스피노자가 풍족하게 살 수 있도록 돈을 주려 하자 "연구와 사유로부터 마음을 빼앗는 것"이라며 거절했습니다. 또 그에게 빚진 친구가 파산한 일이 있었습니다. 스피노자는 웃으면서 말했습니다. "이 조그만 손실을 벌충하기 위해서 나의 매일의 생활을 절제해야겠다. 이것은 (우정에 대한) 꿋꿋함의 대가다."라고 말이죠. 그는 경제적으로 어려웠을 때조차 이렇게 넉넉한 관대함으로 친구들을 대했습니다.

유대 공동체를 떠난 뒤 스피노자는 진리를 찾는 길을 걸었습니다. 파문 이후 몇 년 뒤에 쓴 『지성교정론』에서 스피노자는 다음과 같이 말합니다.

나는 "나는 마침내 결심했다."고 말한다. 어떤 불확실한 것을 얻기 위해 확실한 어떤 것을 잃어버리려고 하는 것은 언뜻 잘못된 것처럼 보였기 때문이다. 물론 나는 명예와 부가 주는 이점을 알고 있다. 그리고 내가 새롭고 다른 어떤 것을 진심으로 얻고자 한다면 그것들(부와 명예)을 멀리해야만 한다는 것을 안다. 그런데 최고의 행복이 그것들에 없고 내가 단지 그것들을 얻기 위해 힘을 쏟아부었다면 나는 역시 행복하지 않을 것이다. 나는 다른 사람들과 함께 해 온 행동과 삶의 계획을 바꾸지 않은 채로 나의 새로운 목표에 이르는 게 가능할지 의문이었다. 간혹 나는 그렇게 해 보았으나 모두 헛된 것이었다.

스피노자는 마치 치료법을 찾는 환자처럼, 건강을 해롭게 하는 것으로 보이는 부와 명예를 멀리하면서 진리를 찾는 길을 갑니다. 그는 그렇게 건강한 앎을 찾기 위해 건강한 삶을 살았고, 건강한 삶을 통해 건강한 앎을 찾았습니다.

스피노자는 건강한 삶과 앎을 위해서 여러 유혹들과 거리를 둘 줄도 알았습니다. 한번은 네덜란드 왕의 조카가 스피노자에게 하이델베르크 대학 철학 교수직을 제안한 적이 있습니다. '대중적 종교를 훼방하는 말을 하지 않는다면'이라는 조건을 붙여서 말이지요. 이 제안에 스피노자는 연구를 해야 하기 때문에 강의에 시간을 할애할 수 없다고 정중히 거절했습니다. 사실 스피노자가 이 제안을 거절한 큰 이유는 조건을 받아들일 수 없었기 때문입니다. 스피노자는 당시 종교와 대결하지 않고 진리를 말하는 것이 불가능하다고 생각했습니다. 그래서 대학교수 자리가 오히려 생각할 수 있는 자유에 제약이 된다고 판단했습니다. 그에겐 제후의 교사라는 자리보다도 좋은 삶에 대한 앎과 함께 살아가는 기쁨이 더 강렬했습니다.

스피노자가 당시 많은 사람들에게 좋은 평가를 받았던 것은 아니었습니다. 심지어 한번은 신을 모욕했다는 이유로 칼에 찔릴 뻔하기도 했습니다. 그의 사유가 신앙적으로 위험하다고 여겼던 것입니다. 스피노자가 살았던 시대의 종교는 어떠한 모습이었고 그가 생각하는 좋은 삶에 대한 앎은 어째서 대중적 종교와 부딪힐 수밖에 없었는지 살펴보겠습니다.

쓸 수밖에 없었던 책,
『신학정치론』

1656년 네덜란드는 연합 주 공화국이었습니다. 연합 주 공화국이란 한 명의 통치자가 있는 국가와 달리 각 주의 주민들의 의견을 모아 자치적으로 필요한 제도를 만들어 갔습니다. 한편 당시 네덜란드 연합 주 공화국은 무역을 통해 부를 축적하고 있었습니다. 인도를 비롯한 곳곳을 식민지로 만들고 무역에 유리한 회사를 세웠지요. 그 과정에서 먼저 식민지를 세워 무역을 하던 영국, 프랑스와의 마찰이 끊이지 않았습니다. 그래서 강력한 무력을 가진 중앙 집권 국가가 필요하다고 말하는 사람들이 생겼습니다. 주로 지방의 귀족들이 그런 주장을 했는데요. 이들은 당시에 군대를 지휘하고 있었던 오라네 공을 총독으로 세워 중앙 집권 국가를 만들고 싶어 했습니다. 한편 주민들의 행정을 맡았던 집정관들은 네덜란

「동인도 무역선의 출항」 네덜란드 연합 주 공화국은 무역을 통해 부를 축적했다. 헨드릭 코르넬리스 프롬의 1630년대 작품.

드가 여전히 공화국으로 있기를 바랐습니다.

1650년부터 1672년까지 이 두 세력 간에 싸움이 그칠 날이 없었습니다. 이들은 종교 단체들과 손을 잡고 자신들의 세력을 키워 갔습니다. 집정관파는 칼뱅교의 아르미니우스파를 믿었습니다. 아르미니우스파는 교회권력과 정치권력을 분리했습니다. 교회가 정치 영역에 개입하지 않는다는 점 때문에 집정관들은 아르미니우스파를 좋아했습니다. 반면에 오라녜파 사람들은 고마르파와 협약을 맺었습니다. 고마르파는 교회에 대한 복종과 군주에 대한 복종이 함께 이루어져야 하며, 기독교도인 군주가 네덜란드 국가를 지배해야 한다고 생각했습니다. 단일한 종교, 단일한 국가의 네덜란드를 꿈꾼다는 점에서 오라네파와 고마르파가 결합했던 것이지요.

두 세력 다툼 속에서 점점 오라네파의 힘이 커졌습니다. 그러던 중 1664년에 스피노자의 친구였던 쿠르바흐가 감옥에 갇히는 일이 생겼습니다. 쿠르바흐는 네덜란드 공화국이 총독인 오라네에 의해 통합되는 것에 반대했습니다. 쿠르바흐는 교회가 국가 권력화되는 것을 반대하며 지역들의 자치적인 연합을 주장하는 소책자를 썼습니다. 많은 교회들이 신성을 모독했다는 것을 빌미로 삼아 쿠르바흐의 재판을 요구했습니다. 쿠르바흐는 결국 감옥에 갇혔고 그 안에서 죽음을 맞이합니다.

스피노자는 그 소식을 듣고『에티카』의 집필을 중단했습니다. 그리고 도저히 지켜보고만 있을 수 없었기에『신학정치론』을 쓰기 시작했습니다. 스피노자는 대중들이 오라네 가문의 중앙 집권을 자신의 이익이라도 되는 양 따르는 기이한 현상을 이해할 수 없었습니다. 그리고 고마르파가 신앙을 통해 대중들의 정신적 복종을 만들어 내고 있는 것을 보았습니다.『신학정치론』은 정치권력과 교회가 뒤엉켜 사람들이 서로 엄청나게 적대하던 때 사람들이 지배 권력에 복종하는 것을 도저히 두고 볼 수 없어 쓴 책이었습니다. 그는 신학과 정치에 대한 나쁜 견해들과 기꺼이 대결하고자 했습니다.

스피노자는『신학정치론』에서 사람들에게 다음과 같이 물었습니

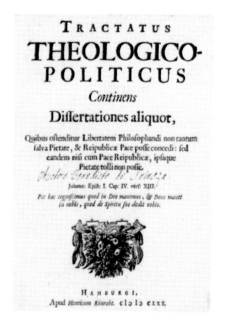

『신학정치론』 신학의 입장에서 보장되어야
할, 생각하고 말하는 자유가 국가에서도 인정
되어야 함을 주장한 책이다.

다. "사람들은 왜 구원을 위한 것인 양 자신들의 예속을 위해 싸우는
가. 어째서 한 사람의 허영을 위해 피와 목숨을 바치는 것을 수치가
아니라 최고의 영예로 간주하는가." 어째서 사람들은 삶에 대한 욕망
이 아니라 죽음을 욕망하게 되는 건가 하고 말입니다.

　대부분의 사람들은 『신학정치론』을 읽고 동의하기보다는 격분했습
니다. 익명으로 출판한 책이었지만 많은 사람들이 이 책을 스피노자
가 썼다는 것을 알아차렸습니다. 그리고 많은 교회에서 '신을 범했
다.'고 그를 몰아세우고 책이 더 이상 출간되지 못하게 막기까지 했습
니다.

그리고 2년 후 프랑스가 다시 네덜란드를 침공했을 때 사람들은 재상이었던 얀 덴 비트에게 그 책임을 묻기 시작했습니다. 오라녜파의 압력으로 얀 덴 비트는 졸지에 감옥에 들어가게 되었습니다. 곧 무죄를 선고받고 감옥에서 나오게 되지요. 그런데 이때 감옥 앞에서 기다리고 있던 대중들이 그에게 돌을 던지기 시작했습니다. 결국 얀 덴 비트는 돌을 맞고 그 자리에서 숨을 거두었습니다.

스피노자는 이 소식을 듣고 격앙을 금치 못했습니다. 소식을 듣자마자 '야만의 극치'라는 현수막을 써서 사람들에게 달려 나가려고 했지만 하숙집 주인이 말려 집 바깥으로 나가지는 못했습니다. 『신학정치론』에서 경고했던 상황이 현실에서 비극적인 사건으로 나타나고 말았습니다.

스스로 생각할 수 있어야 한다

스피노자는 대중들이 타인의 허영과 권력을 자기의 힘인 양 여기면서 서로를 증오하는 상황을 목격했습니다. 그리고 이러한 비참한 상황이 만들어지는 원인을 연구했습니다. 그는 『신학정치론』에서 그 원인들을 열거합니다. 그중 한 가지는 권력을 차지하고 싶어 하는 사람들과 특정 교회 간의 야합이었습니다. 일부 교회들이 대중들을 정신적으로 복종시켜 특정 정치 집단과 편 가르기를 시키고 있었습니다. 교회의 수장 자리는 온갖 권력을 행사하고 많은 수입이 생기는 자리가 되었습니다. 교회는 사람들에게 칭송받기 위해 혈안이 된 웅변가들을 위한 곳이 되어 있었고, 성직자들은 성서를 신비화하여 무조건 믿을 것을 요구했습니다.

스피노자는 먼저 성서가 절대적인 권위의 책이 아니라는 것을 밝히고자 했습니다. 그래서 성서가 역사적으로 어떻게 쓰인 책인지, 어떤 사람들이 한 말인지, 어떻게 모아졌는지를 연구했습니다.

스피노자는 성서 역사 연구를 통해서 성서에서 공통으로 이야기되는 것을 찾습니다. '신은 하나이며 전능하다는 것', '신은 모든 사람을 돌본다는 것', '자신을 경배하고 이웃을 자기 자신과 같이 사랑하는 사람을 사랑한다는 것'이었습니다. 이를 통해 성서가 특정한 삶의 태도에 관한 가르침이라는 것을 발견합니다. 성서는 삶에 대한 태도에 관한 글로 읽을 때 가치가 있으며, 성서에 쓰인 말의 의미에 대해 누구나 스스로 생각할 수 있어야 한다고 스피노자는 말합니다.

사람들은 거창한 종교의식과 기적 설화를 통해서 예언자들을 숭배의 대상으로 여겼습니다. 하지만 스피노자는 예언자들은 누구였는지, 그들의 말은 어떻게 알려졌는지를 살펴보았습니다. 예언자의 말은 그들이 보인 기적의 증표들, 선한 행실들로 사람들의 신뢰를 얻었습니다. 그들의 예언은 기적을 일으킬 수 있는 직접적인 방법이 아니라 신을 더 선명하게 상상할 수 있는 말들이었습니다. 예언에는 예언자들의 평소 생각, 기질, 주변의 것들이 녹아들어 있었습니다.

예를 들어 모세는 신은 보이지 않고 목소리만 들렸다고 이야기했는데, 모세가 신이 하늘에 있다고 생각했기 때문이었습니다. 또 인류의 종말을 이야기한 예언자가 있고 밝은 전망을 이야기한 예언자가 있는데 그것은 그의 기질이 우울했는지, 쾌활했는지에 영향을 받았습니다. 예언자들은 신과 삶에 대해 자신의 삶 속에서 깨달은 말을 전했던 사람들이었습니다. 그 외의 지식에 대해서는 당연히 잘 모르는 부분도 있었을 것입니다.

그런데 사람들은 예언자들의 말에 대해 묻거나 따져 보는 것을 마치 큰일 날 일처럼 여겼지요. 스피노자는 성직자들이 종교를 성직자 자신의 권위와 교회, 정당의 권위로 이용하면서 이러한 문제들이 생겨났다고 보았습니다. 종교는 교회와 정치권력을 유지하고 이들을 위한 규범들을 만드는 역할로 전락하고 맙니다. 우리 삶에 대해 묻고 생각해 볼 가능성이 무조건적인 믿음으로 사라져 갔습니다.

스피노자는 성직자들이 어떻게 사람들에게서 생각하는 힘을 훔쳐 갔는지 두 경우로 나누어 설명합니다. 하나는 성서를 성직자가 제시하는 틀에 맞추어서만 이해해야 한다고 말했던 경우입니다. 마이모니데스라는 랍비는 성서의 말을 자신의 논리 체계로 엮어 내고는 자신의 논리에 따라 봐야 한다고 주장합니다. 예언을 했던 사람들은 어떤 상황 속에서 생각을 갖고 이야기를 했을 텐데 마이모니데스는 성서의 모든 말을 자신의 체계에 끼워 맞추는 것입니다. 여러 사람들의 생각을 하나로 꿰어 맞추려는 데 과도하게 몰두한 것이지요.

또 다른 경우는 성서에는 모순된 말이 없으니 우선 믿으라고 말했던 경우입니다. 당시에 많은 사람들이 성직자 알파카의 이러한 의견을 따랐습니다. 알파카는 해석이 애매한 경우 한쪽을 암시적으로 빗대어 표현한 것이라고 판단하면 된다고 했습니다. 여기에 대해 스피노자는 교리에 있어서 암시적인 표현인지 아닌지의 판단은 결국 알파카의 생각에 따라야 하는 것이 아니냐고 물은 것입니다. 성서에는 사람에 따라 납득할 수 없는 교리가 있습니다. 그런데 의문이 생기더라도 묻지 말고 알파카의 말에 따라야 한다는 것을 스피노자는 납득할 수 없었습니다. 이성이 아니라 성서를 우선 믿으라는 말은 그 말을 하는 성직자의 해석을 맹목적으로 믿으라는 말과 같지 않으냐고 물었습니다.

스피노자는 두 성직자 모두 사람들이 자기 이성을 믿지 않아야만 믿음이 가능하다고 여기고 있다고 보았습니다. 하지만 스피노자는 종교에 있어서 믿음은 이성과 성서 중 어느 한쪽의 손을 들어주어야 하는 문제가 아니라고 생각했습니다. 성서를 단순히 율법과 권위로서 따르는 것은 신에 대한 사랑이라고 말할 수 없다고 말합니다. 스피노자는 신에 대한 사랑에 대해 다음과 같이 말합니다.

신에 대한 사랑이 인간의 최고 행복이자 모든 인간 행위의 궁극적인 목적이기 때문에, 처벌의 공포에 의해서나 육체적 쾌락, 명성 등등과 같은 다른 어떤 것의 사랑에 의해서가 아니라, 오직 그가 신을 안다 혹은 신에 대한 지식과 사랑이 최고선이라는 것을 안다는 사실에 의해서만 신을 사랑한다는 것을 자신의 목표로 삼는 사람만이 신법을 준수한다고 할 수 있다.

정직하고 성실한 마음은 법적 강제나 권위에 의해 나오지 않습니다. 스피노자에 따르면 덕은 율법을 얼마만큼 잘 따르느냐가 아니라 덕 그 자체로만 나타난다고 했습니다. 그렇기 때문에 성서의 말에 대해서 스스로 생각할 수 있는 힘이 필요하다고 보았습니다.

> 모든 사람에게 판단의 자유 그리고 자기 신앙의 기본적 교리를 자신이 합당하다고 생각하는 대로 해석할 수 있는 권리가 허용되어야 하며, 신앙은 어떤 외적 기준에 의해서가 아니라 오직 행위에 의해서만 판단되어야 한다.

성서에 대해 모르고 믿는 것은 자칫 단순히 성직자의 권위를 따르는 것이 될 수 있습니다. 하지만 어떻게 쓰여진 말인지 알아보고 그 상황을 떠올려 보며 말씀에 대해 스스로 묻고, 자기 삶을 가꿀 수 있는 앎으로 삼을 수 있다면 다를 것입니다.

스피노자는 행복은 보상이나 처벌로 오는 것이 아니라 덕 그 자체로 온다고 했습니다. 그런 의미에서 생각할 수 있는 힘을 지닌 사람이야말로 행복을 더 누릴 수 있습니다. 보상을 받고 싶어 행동하는 사람은 누군가의 칭찬을 기다립니다. 처벌을 피하기 위해 행동하는 사람은 두려움 때문에 그 행동을 합니다. 칭찬해 줄 누군가, 처벌을 내릴 시선을 먼저 살피지요. 이런 사람들은 남들의 시선이 없을 때 하는 행동에서는 큰 기쁨을 느끼지 못합니다.

반면, 생각할 수 있는 힘을 지닌 사람은 자신이 무엇을 할 수 있는지를 묻습니다. 예를 들어 친구 사이에 다툼이 생겼을 때 감정에만 휘둘리는 사람이라면 금세 억울한 마음에 '너 때문에', '네가 무엇이 문제인지'라고 묻겠지만 생각할 수 있는 힘이 있는 사람은 그 관계가 서로에게 좋은 관계인지를 묻고 좋은 인연이라면 '무엇을 할 수 있는지', '이럴 땐 어떻게 하는 것이 좋은지' 등 상대와 건강히 지낼 수 있는 방법들을 찾겠지요.

스피노자에게 자유인의 삶이 그랬습니다. 자유인은 보상을 기대하거나 처벌을 두려워하면서 살지 않습니다. 자신이 무엇을 할 수 있는지 생각해 보고 시도해 보지요. 그렇게 자유인은 자기에 대해 생각하고 가꿔 가는 것에서 기쁨을 느낄 줄 아는 사람입니다. 죽음이 아니라 삶에 대해 생각하는 사람입니다. "자유인은 결코 죽음을 생각하지 않는다." 바로 스피노자가 한 말이랍니다.

서로의 삶을 가꾸는
민주주의

스피노자의 좋은 삶에 대한 질문
은 개인의 차원에서 머무르지 않았습니다. 그는 자유인들의 연합이
어떻게 가능한지 생각했습니다. 먼저 인간이 사회 상태 이전에 자연
상태로 놓여 있음을 직시했습니다. 자연 상태에 놓여 있다는 것은 인
간은 인간이 만든 사회 규칙을 따르기 전에 욕구와 힘에 따라 움직인
다는 뜻입니다.

예를 들어 볼게요. 상점에서 빵을 훔치면 그 빵 가격의 100배의 배
상금을 물어야 한다고 법으로 정했다 칩시다. 그런데 만약 어떤 사람
이 돈이 없어 열흘을 굶었습니다. 그 사람은 당장 돈이 없더라도 상점
의 빵을 우선 먹어야 살 수 있을 것입니다. 빵을 훔쳐 먹지 말라는 법
을 지키기 위해 방에서 배를 움켜잡고 쓰러지는 것이야말로 기이한

현상이라고 할 수 있겠지요.

이렇게 인간은 인간들끼리 만든 규칙을 따르기 이전에 욕구와 힘에 따르도록 놓여 있다는 말입니다. 이렇게 인간이 자연 상태에 놓여 있다는 생각을 한 사람이 또 있었습니다. 스피노자와 동시대에 살았던 홉스라는 정치철학자입니다. 그런데 홉스와 스피노자는 자연 상태의 인간에 대한 호감의 정도가 달랐습니다. 홉스는 자연 상태의 인간은 그대로 두면 자기 욕구대로 날뛰고 서로에게 해를 끼칠 것이라고 상상했습니다. 그래서 이들을 통제할 수 있는 강력하고 무서운 괴물이 필요하다고 했지요. 이 괴물을 리바이어던이라고 불렀습니다.

스피노자는 달랐습니다. 스피노자에게 자연 상태의 인간은 말 그대로 자연스러운 것이었습니다. 씨앗이 흙과 물, 빛을 만나면 뿌리를 내고 싹을 틔우고 가지를 뻗듯이 인간의 다양한 감정과 욕구들도 마찬가지라는 것이에요. 우리의 시기심, 증오, 화, 환희, 기쁨, 사랑 이 모두가 살아 있다면 당연히 나타나는 것들이라고요. 아이가 배고파 젖을 달라고 우는 것을 두고 누가 끔찍하다고 말할 수 있나요?

물론 스피노자 역시 인간들 사이에서 일어나는 시기와 질투, 악덕들을 모르지 않았습니다. 다만 그는 인간이 자연 상태에 놓여 있을 때조차 인간에게는 인간만큼 유익한 것이 없다고 말합니다. 인간은 오로지 서로가 힘을 합쳤을 때 서로의 능력과 기쁨을 늘릴 수 있다고 생각했습니다. 곳곳의 위험으로부터 피할 수도 있고요. 인간은 혼자일 때 가장 무능력하며 더욱 슬픔에 빠지게 된다고 생각했습니다. 스피노자는 강력한 법 대신에 인간이 이성을 통해서 신체와 정서를 가꾸고 활용하며 살아가는 법을 알아 가는 것이 중요하다고 말합니다. 자연 상태를 억누르는 제도에 속박된 삶이 아니라 기쁨, 슬픔, 질투, 증오, 애정, 사랑 등의 감정을 돌보고 활용할 줄 아는 사람들. 서로의 힘과 능력을 늘릴 수 있도록 생각할 줄 아는 자유인들의 연합을 꿈꿨습니다.

> 나는 자유가 공공의 안녕을 훼손하지 않고 용인될 수 있을 뿐만 아니라, 이러한 자유 없이는 공공 이익과 신앙심은 번성할 수 없다는 사실을 입증하고자 한다.

욕구와 힘을 포기하고 서로를 만나야 하는 것은 얼마나 답답하고 숨 막히는 일이 될까요? 무서운 법과 통치자의 힘 아래 놓인다면 우리 안의 가축이 된 기분이 들 거예요. 스피노자는 인간이라면 누구나 자기의 욕구와 능력을 가꿀 수 있도록 스스로 생각하고 말할 수 있어야 한다고 했습니다.

> 어느 누구도 자신이 원하는 대로 판단하고 생각할 수 있는 자유를 포기할 수 없다. 모든 사람은 결코 파기할 수 없는 자연권에 의거한 자기 생각의 주인이기 때문에 재앙이 따르지 않고서는 민중을 오직 최고 권력자의 명령에 따라 말하도록 강요할 수만

은 없다. 대중뿐만 아니라 경륜이 있는 사람조차 침묵을 지킬 수
만은 없다. (…) 가장 폭압적인 정부란 자신이 생각한 것을 가르
치고 말할 수 있는 자유를 개인에게서 박탈하는 정부일 것이다.
자기 자신은 물론 타인에게 해를 끼치지 않으면서 자신이 존재
하고 활동할 수 있는 힘과 능력을 강화해 주는 것이 정부 설립의
목표라 하겠다.

스피노자는 자신의 힘을 몇 명에게 맡기고 그들의 말을 따르는 오
늘날 선거 민주주의를 바라지 않았을 겁니다. 그렇다고 민중이 왕이
되어야 한다고 하지도 않았어요. 민중이 폭군을 내쫓았던 로마인들의
경우 폭군 한 명은 사라졌지만 대신 여러 명의 폭군들이 등장했습니
다. 민중 출신이라는 것만 바뀐 채 다시 군주정이 된 것이지요. 스피
노자에게는 민주주의를 만들어 내는 일이 중요했습니다.

국가는 대중을 정신적·신체적 꼭두각시로 만드는 것이 아니라
자신의 정신적·신체적 능력을 안전하게 발전시키고 그들의 이
성을 제한 없이 사용하도록 하려는 것에 목표가 있다.

서로의 힘과 능력을 증진시켜 주는 자유인들의 연합이란 어떤 모
습이었을까요? 스피노자는 이후에 『정치론』이라는 책에서 『신학정치
론』에서 말한 이 자유인들의 연합이 현실적으로 어떻게 가능할지 그

려 봅니다. 그런데 그가 그린 민주정치의 그림은 한 장의 설계도면이 아니었습니다. 그 그림은 군주정, 귀족정, 민주정 안에서 모두 그려져 있었습니다. 민주정치 시스템이라는 하나의 완벽한 제도가 있는 것이 아니라 어느 정치제도 아래서든 어떻게 하면 더 많은 의사소통이 가능한지를 생각했습니다. 그는 하나의 군주가 다스리는 군주정이 민주정치에는 틀림없이 불합리한 조건이지만 이 안에서 어떻게 의회와 왕의 의사소통, 대중들과의 의사소통이 가능한지 생각했습니다.

또 귀족정에서는 어떤 제도가 있으면 귀족들과 보다 많은 사람들이 함께 생각하고 말할 수 있을지를 이야기합니다.

즉, 스피노자는 어떤 체제 아래서도 어떻게 하면 더 많은 사람들이 생각하고 말할 수 있는 자리를 만들어 낼 수 있을까 고민했던 것입니다. 그는 한 사람의 판단을 따른다고 평화가 이뤄지는 것이 아니라고 했습니다. 한 사람의 말만 따라야 할 때 다른 사람들은 겉으로는 조용해도 속으로는 불평이 들끓을 수 있을 겁니다. 스피노자는 될 수 있는 대로 많은 사람들이 자신을 드러내고 어떤 의견에 공감해서 정신적 일치를 이루는 것이 평화라고 보았습니다.

여기서 생각해 볼 점이 있습니다. 스피노자가 "스스로 생각하고 말할 수 있어야 한다."라고 했던 말은 결코 '아무 말이나 해도 괜찮다.'는 뜻이 아닙니다. 스피노자는 정당과 교회의 가르침을 따르지 않는 사람을 혐오하는 사람들에 대한 안타까움에서 그런 말을 했습니다. 오늘날로 말할 것 같으면 특정 규율에 따라 동성애자들을 맹목적으로 미워하는 기독교인들이나 인터넷에서 특정 성향의 인물을 비이성적으로 질타하는 동호회 회원들의 모습과 유사합니다. '스스로 생각하고 말할 수 있어야 한다.'는 말은 누구나 자기 삶을 가꾸며 살도록 우리에게 좋은 것이 무엇인지 말할 수 있어야 한다는 말이었습니다. 표현의 자유란 복종에 반대하는 말이지 복종에 기대 누군가에게 혐오를 쏟아부을 수 있다는 말이 아닙니다. 서로의 삶을 잘 가꿀 수 있는 생각과 의견을 말할 수 있어야 한다는 것, 이것이 스피노자가 생각한 민주주의였습니다.

우리는 종종 국가가 하는 일을 비판하기도 합니다. 스피노자는 어떤 사람이 자신이 국가의 주권자가 될 생각으로 선동하는 말이 아니라면, 그리고 그 문제를 해결할 권한을 자기만 가지려 하는 것이 아니라면 국가의 문제를 이야기하는 사람은 훌륭한 대중이라고 말합니다. 이러한 대중이 국가에 필요하다는 것입니다.

스피노자는 평화를 이루는 데 진정 방해가 되는 사람은 사람들에게서 생각하고 말하는 자유를 빼앗는 사람이라고 말합니다. 자유롭게 판단할 수 있는 능력이 억압되면 억압될수록 우리는 그만큼 우리의 힘과 욕구, 능력을 발전시키는 것으로부터 멀어지게 될 테니까요. 스피노자에게 공동체란 사람들의 힘과 능력, 기쁨을 증진시키기 위해 존재하는 것이었습니다. 공동체에서 권력자가 사람들의 생각과 판단하는 힘을 빼앗으려 하는 것은 자신의 권위를 위해 사람들을 복종시키려는 행위입니다.

자기와 우리,
삶에 대한 사랑

최근 한국 사회의 이삼십 대 젊은 이들을 일컬어 '삼포세대'라고 부릅니다. 불안정한 일자리, 빌린 학자금 갚기, 치솟은 집값 등으로 사는 데 드는 돈이 감당하기 어려울 정도가 되니 연애, 결혼, 출산을 포기한 젊은이들을 일컫는 말입니다. 일본의 상황도 비슷합니다. 하고 싶은 것들을 억제하는 법을 익혀 가면서 아르바이트를 하며 소소하게 사는 젊은이들을 비유적으로 일컬어 '사토리(깨달음)'세대라고 부릅니다.

이 이야기를 듣고 주변 또래의 친구들이 떠올랐습니다. 스스로도 돌아보게 됐습니다. 문득 이런 생각이 들었습니다. 지금 이곳에 사는 많은 사람들이 부지막지한 적대 경쟁 속에서 어린 시절부터 너무 일찍 삶에 질려 버린 것이 아닐까? 정작 버려야 할 것이 무엇인지, 중요한 것이 무엇인지 자기 삶에 대한 질문을 일찌감치 포기한 것 아닐까? 그렇게 자신과 친구들에 대해 너무 일찌감치 포기하게 된 것이 아닐까? 그래서 서로의 힘과 능력을 늘리며 얻을 수 있는 기쁨까지 미리 포기해 버린 건 아닐까?

문득 앞에서 이야기한 김밥을 같이 먹었던 형 생각이 났습니다. 한 번은 형과 차를 마시러 카페에 들어선 적이 있습니다. 그런데 안타깝게도 그 카페에는 휠체어를 위한 경사로가 없었습니다. 다른 곳으로 가려고 돌아서는데 형은 카페 주인을 불렀습니다. 그러곤 "여기 카페에 경사로가 없어서 휠체어를 탄 사람들은 들어올 수가 없네요. 경사로만 있으면 휠체어를 탄 많은 사람들이 이 카페에서 차를 마실 수 있을 텐데요. 여기서 차를 마시고 싶습니다."라고 이야기했습니다. 얼마 후 그 카페에는 경사로가 놓였답니다.

물론 이 카페 주인아저씨처럼 다른 많은 사람들도 마음씨가 좋다고 보장은 못 합니다. 하지만 만약 그때 형이 자신의 생각을 표현하지 않고 그대로 돌아갔다면 어땠을까요? 나와 형은 카페를 돌아 나오며 카페 안의 사람들을 어떻게 생각했을까요? 휠체어를 타지 않는 대부분의 사람들을 미워하는 마음이 들지 않았을까요? 다른 곳에서도 움츠리고 지내야 하지 않았을까요? 그저 적당히 혼자서 살아가는 법을 익히려 하지 않았을까요?

물론 자기는 아무것도 하려 하지 않으면서 요구만 하는 것은 부당한 요구가 될 것입니다. 뺏어 먹기만 하겠다는 말이 될 테니까요. 하지만 누군가에게는 지금 살고 있는 곳이 무언가 시도조차 할 수 없거나 타당한 이유 없이 차별을 받는 곳이 되어서는 안 될 겁니다. 만약 그래도 괜찮다고 생각하고 있는 사람들이 있다면 달리 생각할 수 있도록 해 주어야겠지요.

"스스로 생각하고 말할 수 있어야 한다." 이 말은 바로 이곳이 우리가 우리 스스로를 건강하게 살 수 있도록 만들어야 하는 곳이란 사실을 잊지 않도록 하는 말입니다. 자기 삶에 대한 사랑을 잃지 않도록 하는 말이랍니다.

어느 누구도 자신이 판단하고 생각할 수 있는

자유를 포기할 수 없다.

모든 사람은 자기 생각의 주인이기 때문에

재앙이 따르지 않고서는 사람들을 오직

최고 권력자의 명령에 따라 말하도록 강요할 수만은 없다.

가장 폭압적인 정부란 자신이 생각한 것을 말할 수 있는 자유를

개인에게서 박탈하는 정부일 것이다.

자기 자신은 물론 타인에게 해를 끼치지 않으면서

자신이 존재하고 활동할 수 있는 힘과 능력을

강화해 주는 것이 정부 설립의 목표라 하겠다.

나는 당신을 따라
괴물로 만들어졌습니다

—

메리 셸리 · 『프랑켄슈타인』

박정수

누가 괴물인가?

'프랑켄슈타인' 하면 떠오르는 이미지가 있습니다. 거대하고 각진 얼굴, 가르마 없이 짧게 자른 머리, 길쭉한 이마, 튀어나온 눈두덩, 스테이플러로 꿰맨 듯한 흉터 자국, 특히, 목 양쪽에 비죽 튀어나온 볼트 나사.

어렸을 때 어른 양복을 입고 목을 움츠린 채 두 팔을 덜렁거리며 "나는 프랑켄슈타인이다!"라면서 친구들을 놀라게 했던 기억이 납니다. 드라큘라와 쌍벽을 이루며 전 세계 어린이들에게 사랑(?)받던 괴물, 엄청난 괴력으로 어린아이의 목을 눌러 죽이는 모습도 무서웠지만, 어떤 미친 과학자가 시체 조각들을 붙여서 만들었다는 점이 정말 끔찍했죠.

그런데 나중에 원작 소설 『프랑켄슈타인』을 읽으면서 '프랑켄슈타

영화 「프랑켄슈타인」의 한 장면 '프랑 켄슈타인' 하면 떠오르는 괴물의 모습 은 제임스 웨일 감독이 연출한 영화에 서 시작되었다.

인'이 괴물의 이름이 아니라 그 괴물을 만든 과학자의 이름이라는 걸 알고 깜짝 놀랐습니다. 소설 어디에도 괴물의 이름은 나오지 않습니다. 프랑켄슈타인이 이름을 붙여 주지 않았을 뿐 아니라, 이름을 물어본 사람도 없었기 때문입니다. 그 괴물을 만난 사람들은 전부 놀라서 도망가거나, 다짜고짜 괴물을 공격하거나, 괴물에게 죽임을 당합니다. 괴물이 태생적으로 폭력적인 건 아니었습니다. 프랑켄슈타인이 괴물을 만들 때 흉악범의 시체에서 떼어 낸 뇌를 사용했기 때문에 악한이 되었다는 얘기는 원작 소설에 없습니다. 그 에피소드는 1931년 제임스 웨일 감독의 흑백 영화에서 각색된 것이지요. 나사 달린 괴물의 이미지도 이 영화에서 처음 등장한 것입니다.

괴물의 영혼은 원래 갓난아기처럼 순진무구했습니다. 그런 그가 폭력적으로 변한 건 인간들의 편견 때문이었어요. 그를 만든 프랑켄슈타인조차 그 흉측한 외모에 놀라 만들자마자 버리고, 다른 사람들도 그를 공격하기만 했습니다. 괴물이 흉측하게 생긴 건 순전히 프랑켄슈타인 탓입니다. 시체 조각들을 모아 붙일 때 바느질이 서툴기도 하고, 작업 속도를 높이느라 대충 했기 때문입니다. 즉, 괴물의 형상을 끔찍하게 빚은 것도 프랑켄슈타인이고, 괴물이 인간에게 위협적인 살인마가 된 것도 프랑켄슈타인 탓입니다. 우리가 괴물의 이름을 자꾸 프랑켄슈타인이라고 착각하는 이유도 그 때문일지 모릅니다. 끔찍한 존재는 바로 자신의 피조물을 추악한 괴물로 만든 프랑켄슈타인이니까요.

낭만주의 소녀의
꿈과 현실

원작 소설을 보고 또 한 가지 놀란 점은 저자가 메리 셸리(Mary Shelley, 1797~1851)라는 여성이라는 것입니다. 주인공 프랑켄슈타인과 괴물이 모두 남자이고, 남자들의 사고방식이 너무 잘 그려져서 당연히 저자가 남자라고 생각했거든요. 그도 그럴 것이 1818년 이 소설이 첫 출간되었을 때 저자 이름은 분명하게 드러나지 않고, 서문은 당시 촉망받던 문필가인 퍼시 셸리의 이름으로 쓰였기 때문에 다들 퍼시 셸리의 작품으로 여겼습니다.

퍼시 셸리는 메리 셸리의 남편입니다. 당대 저명한 정치사상가였던 윌리엄 고드윈을 방문했다가 그의 딸 메리를 만났습니다. 메리가 열일곱 살 때 둘은 프랑스로 사랑의 도피 행각을 벌였습니다. 왜냐하면 그때 퍼시는 이미 결혼한 몸이었거든요. 둘이 정식 부부가 된 건 1816

메리 셸리 영국의 소설가. 대표작 『프랑켄슈
타인』으로 널리 알려졌지만, 세계의 종말을
다룬 소설, 역사소설 등 다양한 소설과 기행
문 등을 남겼다. 리처드 로스웰이 1840년에
그린 초상화.

년 퍼시의 아내가 자살을 하고 나서입니다. 퍼시와 정식으로 결혼한
메리는 제네바 호숫가에 살면서 바이런 경을 비롯한 낭만주의 문필
가들과 교류하다가 첫 소설로 『프랑켄슈타인』을 쓰게 된 것입니다.

　메리 셸리가 이 소설을 쓰게 된 동기가 무척 흥미롭습니다. 어느 날
바이런 경이 유령 이야기 하나씩 지어 오자고 제안했습니다. 고딕식
건물을 배경으로 악령인지 환영인지 애매한 유령 이야기를 짓는 게
당시 낭만주의 작가들 사이에서 유행했거든요. 18세기 계몽주의에
대한 반발로 등장한 낭만주의는 인간의 삶에서 이성의 원리로만 설
명할 수 없는 측면들, 예를 들어 꿈, 신비, 열정에 주목했습니다. 합리
적으로 설명할 수 없는 환상 속에서 인간의 내면적 진실을 밝히고자
한 것입니다. 바이런 경의 제안을 듣고 메리 셸리는 유령 이야기에 골

『프랑켄슈타인』 원고 1816년에 제네바에서 작성
된 원고이다.

몰합니다. 그러던 어느 날 미친 과학자가 생명을 창조하는 장면을 상
상하곤 그 상상에 매료되어 『프랑켄슈타인』을 썼습니다.

학교도 제대로 다니지 않은 무명의 어린 여자 이름으로 출판하는
게 꺼려졌을까요? 소설은 익명으로 출판되었고, 미필적 고의에 의해
『프랑켄슈타인』은 서문을 쓴 남편 퍼시 셸리의 작품으로 알려지게 된
것입니다.

낭만적 사랑에 불타 사랑의 도피까지 하며 결혼했지만 메리와 퍼
시 셸리의 결혼 생활은 행복하지 않았습니다. 도피 여행 중 태어난 첫
째 딸이 11일 만에 죽은 것이 불행의 시작이었습니다. 1818년 『프랑

켄슈타인』 출판 이후 퍼시와 메리의 관계는 소원해졌습니다. 둘째 딸 클라라의 죽음 탓도 있고, 메리의 소설이 퍼시의 작품으로 알려진 탓도 있는 듯합니다. 1819년에는 아들 윌리엄마저 말라리아로 죽었습니다. 윌리엄은 소설『프랑켄슈타인』에서 프랑켄슈타인의 어린 남동생의 이름이기도 하지요. 윌리엄은 소설 속에서 괴물의 첫 번째 희생양이 됩니다. 소설이 예언이 된 걸까요? 메리는 극심한 우울증에 빠졌고, 자유연애를 앞장서서 주장하던 퍼시는 다른 여성에게서 위로를 구했습니다. 결국 이 부부의 결혼 생활은 1822년 남편 퍼시가 파도에 휩쓸려 죽는 사고로 끝나고 맙니다.

『프랑켄슈타인』은 메리와 퍼시의 낭만적 사랑이 첫째 딸의 죽음과 퍼시 전처의 자살을 거쳐 결혼으로 종결된 시점에 쓰였습니다. 낭만주의적 열정으로 인간 생명체를 창조한 과학자와 그에게 버림받은 인조 괴물 간의 비극적 갈등을 그린『프랑켄슈타인』에는 낭만주의를 고발하는 메시지가 담겨 있습니다. 특히 프랑켄슈타인의 불안한 내면과 괴물을 대하는 태도는 여성의 눈으로 본 낭만주의 지식인들의 전형적 모습으로 보입니다.

인조인간, 괴물,
그리고 유령

메리 셸리가 유령 이야기를 염두에 두고『프랑켄슈타인』을 썼다는 사실은 오늘날의 독자들에게는 잘 이해되지 않습니다.『프랑켄슈타인』은 결코 유령 이야기로 보이지 않기 때문입니다.

줄거리를 간략히 볼까요. 프랑켄슈타인이라는 과학자가 야심차게 인간 생명체를 창조했는데, 그 형상이 심히 흉측했습니다. 창조자에게 버림받은 괴물은 혼자 힘으로 말을 배우며 인간 사회에 들어오고자 했으나 흉측한 외모 때문에 배척당합니다. 창조자에 대한 원한으로 괴물은 프랑켄슈타인의 동생, 친구, 약혼녀를 살해합니다. 복수심에 불탄 프랑켄슈타인은 괴물을 쫓아 북극까지 갔다가 북극 탐험 중인 월턴 선장에게 구조되고, 병들어 죽기 전 월턴에게 자기 이야기를

연극 「R.U.R」 포스터 카렐 차페크의 희곡
「R.U.R: 로숨의 유니버설 로봇」은 '로봇'이라는 말
을 처음 등장시킨 것으로 유명하다. 1939년 뉴욕
에서 공연된 연극 포스터이다.

전합니다. 이 줄거리 어디에도 유령은 나오지 않습니다. 프랑켄슈타
인과 갈등 관계를 이루는 존재는 그가 창조한 '인조인간', 혹은 흉측
한 '괴물'이지 결코 유령은 아니니까요.

　이 소설은 이후 카렐 차페크의 희곡 「R.U.R: 로숨의 유니버설 로
봇」(1920)을 경유해서 「블레이드 러너」나 「터미네이터」 같은 SF 영화
로 이어져 온 '인조인간' 이야기의 모태가 되었습니다. 과학기술의 힘
으로 창조된 인조인간이 창조자 인간을 위협한다는 것이 인조인간
이야기의 기본 구도입니다. 보통 인조인간 이야기에서 인조인간이 인
간에게 반기를 들게 되는 이유가 무엇일까요? '로봇'이라는 말을 오

늘날의 의미로 처음 사용한 「R.U.R」이 명료하게 보여 주듯이 인조인간에 대한 차별과 배척 때문입니다. 그래서 인간을 적으로 여긴 인조인간이 인간에게 반기를 드는 겁니다.

그렇다면 『프랑켄슈타인』에서 프랑켄슈타인이 자신의 피조물을 악마처럼 여기며 버린 이유는 뭘까요? 또, 그렇게 버려진 피조물이 인간 사회에 편입되지 못하고 배척당한 이유가 뭔가요? 그것은 그가 인조인간이라서가 아니라 아름답지 못해서였습니다.

누가 이 모습을 아름답다고 하겠는가? 맙소사! 그의 누런 피부 밑으로는 근육과 그 밑의 혈관들이 다 보일 지경이었고 윤기 나는 검은 머리칼은 길게 늘어져 있었다. 이는 진주처럼 희었다. 그러나 이 멋진 이는 희끗희끗한 암갈색 눈자위와 거의 같은 색깔의 눈물 어린 눈, 주름진 얼굴, 일직선을 이루고 있는 검은 입술과 더 끔찍한 대조를 이룰 뿐이었다.

단지 못생긴 수준을 넘어 정상적인 인간의 범주를 벗어난 괴물 같은 형상이 사람들의 공포와 편견을 불러일으켰고, 그 편견이 실제로 '괴물'을 위협적으로 만든 것입니다. 순진무구한 영혼을 가진 괴물과 편견에 사로잡힌 인간들 사이의 갈등을 그렸다는 점에서 『프랑켄슈타인』은 빅토르 위고의 『파리의 노트르담』(1831)을 경유하여 「오페라의 유령」, 「엘리펀트 맨」 같은 뮤지컬로 이어진 '괴물 이야기'의 모태가 됩니다.

그럼, 유령 이야기를 염두에 두었다는 저자의 의도는 무의미한 걸까요? 그렇지 않습니다. 소설을 찬찬히 읽으면 프랑켄슈타인이 만든 괴물에는 유령의 면모가 있습니다. 죽은 사람들의 시체 조각을 모아 붙여서 전기 충격으로 생명을 되살린 것부터 유령과 비슷합니다. 죽음의 세계에서 귀환해 온 존재라는 점에서 말이죠. 그래서인지 프랑켄슈타인은 자신의 피조물을 유령 대하듯 합니다. 그는 괴물이 태어나자마자 마치 유령을 본 것처럼 놀라 도망칩니다. 그러고 나서 마치 유령에 홀린 것처럼 불안과 공포에 사로잡혀 다른 누구에게도 괴물의 창조에 대해, 괴물의 존재에 대해 말하지 못하고 비밀로 감춥니다. 괴물이 남동생을 살해했다고 확신하면서도, 형제처럼 아끼는 친구 클레르발이 괴물에게 살해되고, 자기가 그 살해의 누명까지 쓰면서도 그는 다른 사람들에게 괴물의 존재를 말하지 않습니다.

괴물은 또 괴물대로 흉측한 외모 때문에 사람들에게 공포와 돌팔매질만 살 뿐 누구와도 관계를 맺지 못합니다. 괴물과 대화를 나누고 괴물에 대해 생각하고 괴물과 갈등하는 사람은 프랑켄슈타인 말고는 아무도 없습니다. 괴물 이야기라면, 인조인간 이야기라면, 그 인조 괴물은 프랑켄슈타인뿐만 아니라 다른 사람들과 갈등 관계든 우호 관계든 어떤 관계를 맺어야 할 텐데, 이 소설에서는 전혀 그러지 않습니다. 괴물은 오직 극도로 병적인 심리 상태를 가진 프랑켄슈타인과만 관계합니다. 그래서 어쩌면 그 괴물은 프랑켄슈타인에게만 보이는 유령, 혹은 프랑켄슈타인의 불안한 내면이 만든 환영이 아닐까 하는 생각이 듭니다.

> 혹시 그 존재는 무덤에서 빠져나와 내가 소중히 여기는 모든 것을 파괴할 수밖에 없는, 내 자신에게서 빠져나간 흡혈귀와 악령은 아닐까?

그래서 만약 『프랑켄슈타인』을 영화로 만든다면 이렇게 각색하고 싶어집니다. 먼저 인조인간은 실제로 창조되지 못한 걸로 각색합니다. 인조 괴물은 오직 프랑켄슈타인의 병적인 심리 상태가 만들어 낸 환영일 뿐인 거죠. 그리고 괴물의 살인 행각은 실은 「지킬 박사와 하이드 씨」처럼 괴물의 인격으로 분열된 프랑켄슈타인 박사가 저지른 것으로, 이 모든 사실이 영화 마지막에 회상 기법(flashback)으로 폭로되는 겁니다. 이런 상상을 할 만큼 이 소설에서 괴물의 존재감은 다른 사람들과의 현실적 관계에서는 너무나 희박하고, 프랑켄슈타인의 불안한 내면과 관계해서만 과도하게 뚜렷합니다.

남자는 구원자,
여자는 선물?

낭만주의는 19세기 서구 사회의 일상과 감성에 큰 영향을 주었습니다. '낭만주의'(romanticism) 하면 떠오르는 것이 '로맨틱 러브', 낭만적 사랑일 겁니다. 젊은 남녀가 집안의 반대를 무릅쓰고 사랑하다가 비극적인 죽음을 맞이한다는 낭만적 서사는 결혼의 의미까지 바꾸어 놓았습니다. 가문과 가문 사이의 정치, 경제적 연합이라는 의미를 지녔던 결혼이 19세기 이래 독립적인 남자와 여자의 정신적, 육체적 결합으로서의 의미를 갖게 되면서 부부와 자녀로 이뤄진 핵가족이 탄생하게 됩니다. 메리 셸리와 퍼시 셸리의 사랑과 결혼은 낭만주의의 산물입니다. 『프랑켄슈타인』 곳곳에서 이런 낭만적 사랑을 만날 수 있습니다.

먼저 프랑켄슈타인 아버지와 어머니의 결혼 이야기부터 사뭇 낭만적입니다. 프랑켄슈타인의 아버지는 스위스 명문가의 행정관으로, 성품이 따뜻하고 인품이 합리적입니다. 아버지의 친구 중에 '보포르'란 상인이 있었는데, 사업이 망해서 캐롤린이라는 딸과 숨어 지내고 있었습니다. 친구를 염려한 아버지가 백방으로 헤매다가 찾았을 때 친구는 이미 화병으로 죽어 가고 있었습니다. 아버지는 혼자 남겨진 친구의 딸을 데리고 와서 보호해 주다가 2년 후에 아내로 삼았습니다. 나이 차이가 상당히 많았겠죠? 그 때문인지 아버지는 "정원사가 예쁜 이국 식물을 보호하듯이" 극진한 사랑으로 아내를 보호해 주었답니다. 위기에 처한 여자와 그녀를 구원해 준 남자 사이의 사랑, 그리고 결혼. 어때요, 로맨틱하죠?

이와 비슷한 로맨스가 프랑켄슈타인의 아내가 될 엘리자베스와의 만남에도 일어납니다. 프랑켄슈타인의 부모가 이탈리아 국경을 넘어 여행하다가 코모 호숫가에서 일주일을 보낼 때였습니다. 인정 많은 그들 부부는 불행에 빠진 누군가의 "수호천사 노릇을 해 주는 것이 반드시 해야 할 일이자 열정의 대상으로 여겨" 가난한 집 주변을 어슬렁거리다 '진흙 속의 보석'을 발견했습니다. 어느 농부의 오두막집에서 다른 아이들과는 "다른 혈통을 타고난" 듯 "마른 체격에 피부가 매우 하얗고 머리는 굉장히 밝은, 윤기 나는 금발"인 여자아이를 발견한 겁니다. 그 애가 바로 엘리자베스입니다. 원래는 밀라노 귀족의 딸인데, 아이 엄마가 (메리 셸리의 어머니처럼) 아기를 낳자마자 세상을 떠나고 말았습니다. 아버지는 (메리 셸리의 아버지처럼) 정치적 이상주의자로, 합스부르크 제국의 지배로부터 이탈리아의 독립을 위해 싸우다가 잡혔는지 죽었는지 실종되어 버렸습니다. 그렇게 부모를 잃은 엘리자베스는 가난한 농부의 자식들과 함께 살다가 눈 밝은 프랑켄슈타인 부부에게 발견되어 프랑켄슈타인 집으로 오게 된 겁니다.

엘리자베스를 집으로 데리고 오면서 어머니는 어린 프랑켄슈타인에게 이렇게 말했습니다. "빅토르에게 줄 예쁜 선물이 있단다. 내일 그 선물을 받게 될 거란다." 입양해 온 엘리자베스를 프랑켄슈타인의 '선물'이라고 표현하는 게 재미있죠? 프랑켄슈타인이 열일곱 살 때 어머니는 성홍열을 앓던 엘리자베스를 간호하다 죽게 되는데, 죽기 직전 두 사람의 손을 포개 쥐면서 "얘들아, 미래의 행복에 대한 내 변치 않는 희망은 너희 둘의 결혼이었단다."라는 유언을 남깁니다.

주변 인물의 낭만적 사랑도 볼만합니다. 두 개의 에피소드가 있는데, 하나는 이 소설의 액자 구실을 하는 월턴 대장의 북극 탐험 이야기에 나오고 다른 하나는 괴물이 숨어 지냈던 오두막집 가족의 이야기에 나옵니다.

북극 탐험 이야기에서 낭만적 사랑의 주인공은 탐험선의 선장인데, 그는 비록 학식이 없긴 하지만 "관대하기가 가히 영웅적"입니다. 그는 가난한 가문의 러시아 숙녀를 사랑해서 열심히 모은 돈으로 처녀의 아버지에게 결혼 승낙까지 받았습니다. 그런데 결혼을 앞두고 약혼녀가 눈물을 흘리며 제발 자신을 구해 달라고 애원했습니다. 실은 자기가 다른 남자를 사랑하는데, 그 남자는 가난해서 부모의 허락을 받을

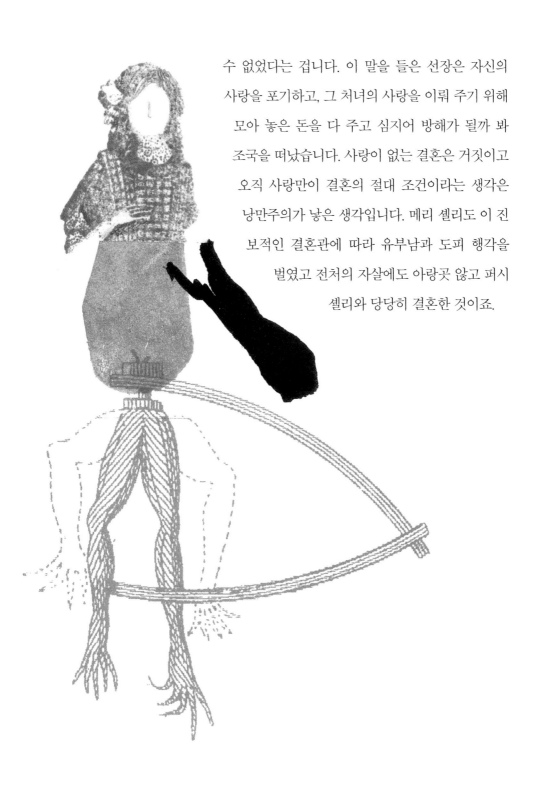

수 없었다는 겁니다. 이 말을 들은 선장은 자신의 사랑을 포기하고, 그 처녀의 사랑을 이뤄 주기 위해 모아 놓은 돈을 다 주고 심지어 방해가 될까 봐 조국을 떠났습니다. 사랑이 없는 결혼은 거짓이고 오직 사랑만이 결혼의 절대 조건이라는 생각은 낭만주의가 낳은 생각입니다. 메리 셸리도 이 진보적인 결혼관에 따라 유부남과 도피 행각을 벌였고 전처의 자살에도 아랑곳 않고 퍼시 셸리와 당당히 결혼한 것이죠.

오두막집 가족 이야기에서 낭만적 사랑의 주인공은 그 오두막집의 우울해 보이는 아들 '펠릭스'입니다. 원래 그 가족은 프랑스 귀족이었는데 펠릭스의 정의로움 때문에 몰락해서 가난한 망명 생활을 하게 된 겁니다. 사연인즉 어느 터키 상인이 프랑스 정부의 종교적 편견과 탐욕 때문에 억울하게 감옥에 갇혔습니다. 우연히 재판에 참석했다가 정의로운 분노에 휩싸인 펠릭스는 터키 상인을 구해 주겠다고 하고, 터키 상인은 자신의 어여쁜 딸 '사피'로 청년의 마음을 단단히 붙들어 맵니다.

정의감과 사피에 대한 사랑으로 고무된 펠릭스는 기적적으로 터키 상인을 탈옥시키지만 정부에 발각되어 자기 가족은 전 재산을 잃고 망명길을 떠나야만 했습니다. 그런데 터키 상인은 약속을 지키지 않고 딸을 터키로 데려가려 합니다. 기독교인이었던 어머니를 닮아 야만적인 이슬람 조국보다 자유로운 기독교 세계를 꿈꾼 사피는 아버지의 명령을 거역하고 용감히 탈출하여 자기를 구해 준 펠릭스 가족의 품으로 귀순합니다. 여자의 결단이 부각되긴 했지만 이 낭만적 사랑에서도 주체는 구원자 남성이고, 여성은 그 구원에 대한 '선물'로 자신의 사랑을 바칩니다.

이런 낭만적 사랑에 대해 여러분은 어떻게 생각하나요? 소설 속의 남자들은 이 낭만적 사랑에 대해 확고한 찬사를 보냅니다. 탐험대장 월턴은 선장에 대해 "참 고매한 사람도 다 있구나."라고 감탄하고, 펠릭스의 로맨스를 엿들은 괴물은 깊은 감동을 받아 "그들의 선행을 칭찬하고 인류의 악을 경멸할 줄 알게 되었습니다." 그리고 프랑켄슈타인은 아버지의 사랑이야말로 아버지의 고결한 인품을 증명한다고 평가했습니다.

낭만적 사랑에 불타서 유부남 지식인과 결혼했지만 자식들의 연이은 죽음과 남편의 외도 때문에 불행한 결혼 생활을 한 메리 셸리는 어땠을까요? 그녀도 소설 속의 낭만주의자들과 같은 생각이었을까요? 이 로맨스들에는 남자는 구원자이고 여성은 선물이라는 구도가 깔려 있습니다. 예를 들어 어머니가 엘리자베스를 "선물"이라며 데려왔을 때 프랑켄슈타인은 이렇게 생각합니다.

나는 어린애다운 진지함으로 어머니의 말을 문자 그대로 해석해서 엘리자베스를 내 것으로 간주했다. 보호해 주고, 사랑하고, 소중히 간직해야 할 내 것으로 말이다. 그녀에게 쏟아지는 모든 칭찬을 나는 내 자신의 물건에 대한 칭찬으로 받아들였다. (…) 그녀는 죽을 때까지 오로지 나만의 것으로 남아 있었다.

연인을 "보호해 주고, 사랑하고, 소중히 간직해야 할 내 것"으로 여기는 이런 낭만주의적 태도에서 문제가 되는 것은 연인을 "내 것", "나만의 것"으로 여기는 자기중심적 소유욕입니다. 인형을 사랑하고 소중히 간직하는 것과 다를 바 없는 이런 일방적 사랑 속에서 연인의 독립적 주체성은 쉽게 간과됩니다.

"죽을 때까지 오로지 나만의 것으로 남아 있었다."는 말은 이후에 일어날 엘리자베스의 죽음을 미리 암시합니다. 소설 후반에 엘리자베스는 결혼 첫날밤 프랑켄슈타인의 품 안에서 죽습니다. 괴물이 와서 죽인 거죠. 프랑켄슈타인이 괴물과 닮은 여자를 만들어 주겠다고 약속해 놓고서는 마음이 변해서 약속을 어겼기 때문입니다. 자기와 같은 여자만 만들어 주면 그녀와 숨어서 살겠다는 괴물의 말을 결국 믿지 못하고 완성 직전의 생명체를 파괴한 프랑켄슈타인에게 괴물은 "당신의 결혼 첫날밤에 찾아가겠소."라며 복수를 예고했습니다. 그런데 놀랍게도 프랑켄슈타인은 괴물이 예고한 살해 대상이 엘리자베스일 거라는 생각은 못 합니다.

괴물의 복수 방법이 프랑켄슈타인 본인을 해치는 게 아니라, 프랑켄슈타인의 주변 인물을 죽임으로써 프랑켄슈타인을 불행하게 하는 것임을 잘 알고 있었을 텐데 말이죠. 또 그토록 염원한 여자 생명체와의 결혼이 프랑켄슈타인의 폭력(일종의 살인)으로 파탄 난 것에 대한 복수니까 약혼녀 엘리자베스가 타깃이 될 거라 추론하는 게 당연합니다. 그렇게 생각했다면 당연히 엘리자베스에게 위험을 알리고 함께 괴물의 폭력을 피할 방법을 강구할 수 있었을 테지요. 설사 힘에 부쳐 괴물의 폭력을 피할 수 없더라도 최소한 엘리자베스는 자기가 누구에게 왜 죽어야 하는지도 모른 채 죽지는 않았겠죠.

"그러나 괴물이 마법이라도 부렸는지" 프랑켄슈타인은 괴물의 의도를 모른 채 혼자 전전긍긍하더니 혼자 맞서겠다고 나섰다가 엘리자베스 혼자 괴물의 손에 죽도록 방치합니다. 이것이 연인을 독립된 주체로 대하지 못하고 그저 "보호해 주고, 사랑하고, 소중히 간직해야 할 내 것"으로 여기는 낭만주의자가 연인을 "죽을 때까지 오로지 나만의 것으로 남아 있"게 하는 방식입니다. 문제는 사랑이든 죽음이든 연인의 모든 것을 "나만의 것"으로 여기는 자기중심적 사고방식입니다. 모르려야 모르기도 힘든 것을 모르게 만든 건 괴물의 마법이 아니라 프랑켄슈타인의 이런 자기중심적 사고입니다.

창조했으니까
마음대로 할 수 있다?

메리 셸리의 부모는 당대 최고의 진보적 지식인이었습니다. 어머니 메리 울스턴크래프트는 최초의 여성주의 이론서 『여성의 권리 옹호』의 저자였고, 아버지 윌리엄 고드윈은 수많은 젊은이들의 영혼을 움직이는 급진적 정치사상가였습니다. 하지만 메리 셸리는 부모의 사랑을 온전히 받지 못했습니다. 어머니는 메리를 낳은 후 산욕열로 죽었습니다. 네 살 때 온 새엄마도 메리를 돌보지 않았습니다. 아버지가 주로 메리를 돌봤고 가르쳤습니다. 가르쳤다기보다는 메리 스스로 아버지의 서재에서 독학했습니다. 메리 셸리는 소설 속 프랑켄슈타인의 부모를 통해 자신은 받지 못했지만, 부모가 자식을 사랑하는 근대적인 방식을 제시했습니다.

어머니의 부드러운 손길과 아버지가 나를 보며 짓던 인자한 기쁨의 미소가 내게 가장 먼저 떠오르는 기억이다. 나는 그들의 장난감이었고 우상이었다. 더 나아가 나는 부모님이 잘 길러야 할 자식으로서 하늘로부터 선사받은 순수하고 무력한 존재였다. 부모님은 나에 대한 의무를 다하느냐 마느냐에 따라 내 미래의 운명이 행복할 것인지 불행할 것인지 전적으로 결정된다고 생각하셨다. 두 분 모두 나를 매우 사랑했지만 자신들에 의해 생명을 부여받은 존재에게 어떤 의무를 져야 하는지 이렇게 깊이 인식하고 계셨다.

지금은 당연한 것처럼 여겨지지만 19세기 초반에 자녀를 사랑으로 길러야 한다는 생각은 대단히 혁신적인 사상이었습니다. 근대 이전의 가족 관계는 부모 중심, 그것도 아버지 중심이었습니다. 아버지가 가정의 주인이고, 아버지가 자녀의 생명을 낳았으므로 아버지는 그 생명에 대해 절대적인 권리(주권sovereign이라고 하죠)를 가지며, 자녀는 자신의 존재−이유인 아버지에게 절대적인 감사와 순종을 바쳐야 한다는 생각이 지배적이었죠. 이런 생각은 신을 아버지라고 부르는 기독교의 세계관에 근거한 것입니다. 신이 인간을 창조했으므로 그 아버지−신이 인간의 생명에 대해 생살여탈의 주권을 가지며, 인간은 창조주인 신에게 무한한 감사와 순종을 바쳐야 한다는 생각이 가족 관계에 투영된 것입니다.

프랑켄슈타인의 부모는 프랑켄슈타인을 사랑으로 양육했습니다. 그런데 프랑켄슈타인은 자신의 자식에 대해 그렇지 않았습니다. 프랑켄슈타인에게 자식이 있었냐고요? 네, 그가 과학의 힘으로 낳은 인간 생명체가 그의 자식입니다. 프랑켄슈타인은 과학의 힘으로 태어날 생명체의 '아버지'로서 자신이 누려야 할 영광에 대해 이렇게 말합니다.

새로운 종이 나를 자신의 창조자이자 존재의 근원으로 찬양할 것이다. 행복하고 뛰어난 여러 자연물들이 내 덕에 존재하게 될 것이다. 나만큼 완전하게 자식에게 감사를 요구할 자격을 갖춘 아버지는 아마 이 세상에 존재하지 않을 것이다.

그는 왜 "자기로부터 생명을 부여받은 존재에게 어떤 의무를 져야 하는지" 생각하지 않고 그 자식에게 감사를 요구할 생각만 할까요? 그는 왜 마치 기독교의 신이 피조물인 인간에게 요구하듯이 "나를 자신의 창조자이자 존재의 근원으로 찬양할 것"을 요구할까요? 그것은 자기 혼자 그 생명을 창조했다고 생각하기 때문입니다. 자기가 아니면 존재하지 않았을 건데, 자신의 창조로 말미암아 존재하게 된 것이니 마땅히 피조물은 자기한테 무한히 감사해야 하고, 자신은 그 피조물에 대해 무제한의 권리를 지닌다고 생각하는 것이죠.

자신의 창조물에 대한 이런 주권 의식은 기독교뿐만 아니라 과학주의나 낭만주의에도 있습니다. 기독교의 신이 자신의 창조물에 대해 갖는 주권 의식처럼 과학자는 과학의 힘으로 창조한 생명체에 대해, 낭만주의자는 자신의 영감으로 창조한 예술품에 대해 절대적인 소유권이 있다고 생각합니다. 이 소설에서 프랑켄슈타인은 낭만주의 속에서 통합된 기독교적 생명관과 현대 과학의 생명관, 즉 생명은 창조될 수 있으며, 그렇게 창조된 생명에 대해 창조자는 절대적 소유권을 가진다는 생명관을 대변합니다.

이런 창조론은 창조자를 '아버지'로 부르는 것에서 알 수 있듯이 생명의 형성 과정에 있어서 여성, 즉 '어머니'의 역할을 무시합니다. 동서양을 막론하고 이런 가부장적 생명관은 아버지가 생명을 낳고 어머니는 그저 기르기만 할 뿐이라는 '부생모육'의 이념을 유포했습니다. 오늘날 생명 복제를 핵 속의 DNA 복제로 이해하면서 난자와 자궁은 불필요하거나 부차적인 것처럼 말하는 것도 생명은 '수컷'의 '씨앗' 속에 있다는 가부장적 생명관에서 나온 것입니다.

메리 셸리가 인간 생명체를 창조한 과학자를 경탄이 아니라 '공포'로 묘사한 이유가 여기 있습니다. 중세 기독교의 생명 창조의 신화가 현대 과학에서 꿈틀꿈틀 부활하는 것을 직감한 거죠. 생명에 우열의 등급을 매기고 열등한 생명을 완전히 없애려고 기획한 우생학, 창조된 생명에 소유권을 주어 사고팔 수 있는 생명 산업의 어두운 면을 예감한 것입니다.

무엇이 괴물을 만드는가

프랑켄슈타인이 자신이 창조한 생명체를 '괴물'이라 부른 것은 물론 흉측한 외모 때문입니다. 하지만 못생긴 사람이나 장애인을 괴물이라 부르지는 않습니다. '괴물'은 신체적 비정상과 함께 정신적 비정상이나 도덕적 악함을 내포한 말입니다. 괴물이 인간을 해치는 괴물이 된 것은 흉측한 외모에 대한 사람들의 편견 때문입니다. 그 편견에 화가 난 괴물은 프랑켄슈타인에게 이렇게 하소연합니다.

당신은 무엇하려고 당신 자신조차 역겨워서 등을 돌릴 그런 흉측한 괴물로 만들었습니까? 하느님은 불쌍히 여기는 마음에서 자신의 형상에 따라 인간을 아름답고 매력적인 모습으로 만드셨

습니다. 그러나 내 모습은 당신의 형상을 따라 추악하게 만들어
졌습니다.

물론 괴물의 외모는 프랑켄슈타인의 외모를 닮지 않았습니다. 프랑
켄슈타인은 잘생겼죠. 괴물이 흉측하게 된 것은 프랑켄슈타인 자신의
설명대로 "신체 부위의 정교함이 내 속도에 걸림돌이 되었기 때문에"
큼직큼직하게, 대충 만들었기 때문입니다. 그럼에도 "내 모습은 당신
의 형상을 따라 추악하게 만들어졌습니다."는 말에는 진실이 담겨 있
습니다. 괴물은 프랑켄슈타인의 겉모습이 아니라 그의 영혼에 따라
괴물로 만들어진 것이지요.

괴물이 프랑켄슈타인과 가장 닮은 순간이자, 괴물이 그 영혼에 있
어서 진정한 괴물이 되는 순간은 첫 번째 살인 직후입니다. 창조주에
대한 원한에 사로잡혀 프랑켄슈타인을 찾아가던 중에 괴물은 숲 속
에서 한 남자아이와 만납니다. 어린아이는 편견을 갖고 있지 않을 거
라 생각하고 다가가지만 아이는 소스라치게 놀라고, 해치지 않겠다는
말에도 "놔줘! 괴물아! 못생긴 놈아! 날 갈기갈기 찢어서 먹으려는 거
지? 너 식인귀잖아."라고 소리칩니다. 그 아이의 순수한 편견에 괴물
은 화를 참지 못하고 아이를 목 졸라 죽입니다. 그렇게 해서 첫 번째
살인을 한 그는 근처 외딴 헛간에서 잠든 젊은 여자를 발견하고는 그
녀에게 살인 누명을 씌울 마음을 먹습니다.

내가 아니라 그녀가 고통을 겪게 하리라. 내가 살인을 저지른 것은 그녀로부터 받을 수 있는 모든 것을 영원히 박탈당했기 때문이었습니다. 그것에 대해 그녀가 보상하도록 하리라. 살인이 그녀 때문에 일어난 것이므로 그녀가 처벌을 받는 것이 당연했습니다.

그래서 그는 방금 살해한 아이의 목에 걸려 있던 목걸이를 이 아가씨 옷자락 속에 집어넣습니다. 그 행위의 교활함보다 그의 뒤틀린 사고방식이 진정 괴물스럽지 않나요? 여기 이 아가씨도 나만 빼고 다른 사람들에게는 기쁨을 주는 미소를 짓겠지? 하지만 깨어나서 나를 보면 틀림없이 소리칠 거야. 내가 아이를 살해한 건 그녀로부터 받을 수 있는 사랑을 받지 못했기 때문이지. 따라서 내 살인의 책임은 나에게 사랑을 안 준(안 줄 게 틀림없는) 그녀에게도 있어. 아닌 밤중에 홍두깨라고, 곤히 자던 그 아가씨 입장에서는 정말 황당한 논리 아닙니까? 이런 아전인수식의 논리 속에서 그는 순진한 아가씨를 졸지에 유아 살인범으로 만들어 버립니다.

타인과는 단절된 자기만의 확신으로 타인에게 공격을 가하는 이런 끔찍한 사고방식을 도대체 그는 누구한테 배운 걸까요? 바로 그를 창조한 프랑켄슈타인입니다. 프랑켄슈타인의 자기 폐쇄적인 사고방식은 그와 괴물의 첫 만남에서 명확히 드러납니다. 이 만남은 프랑켄슈타인이 동생의 사망 소식을 듣고 급히 고향으로 오던 중에 이뤄집니다. 제네바 근처 몽블랑 숲 속에서 우연히 마주친 괴물을 보고 프랑켄 슈타인은 이렇게 생각합니다.

> 거대한 체격과 도저히 인간이라 할 수 없을 정도로 끔찍한 기형적인 생김새를 보자 나는 즉시 그것이 내가 생명을 부여했던 비열한 존재이자 추악한 악마라는 것을 깨달았다. 혹시 그가 내 동생을 죽인 것은 아닐까? (이런 생각이 들자 온몸이 떨렸다.) 그런 상상을 하자마자 그것이 사실일 것이라는 생각이 확고해졌다.

창조 후 2년 만에 처음으로 만난 괴물에 대해 다짜고짜 "비열한 존재이자 추악한 악마"라니요? 자기에게 버림받은 동안 혼자 어떻게 살았는지 전혀 모르면서 왜 괴물이 비열하고 추악한 성품을 가졌다고 확신하는 걸까요? 물론 흉측하게 생겼기 때문입니다. 아름다움 속에 선함이 있다는 생각, 뒤집으면 추함 속에 악함이 있다는 생각이야 낭만주의의 일반적 미학이라고 치더라도, 괴물을 보자마자 곧바로 "그가 내 동생을 죽인 것은 아닐까?"라고 생각하는 이유는 도대체 뭘까요? 추악하게 생긴 것과 얼마 전에 일어난 동생의 살해 사이에 도대체 무슨 인과성이 있다고 이런 추측을 하는 걸까요?

괴물과 살인의 연관성을 논리적으로 추론하는 대신 그는 "그런 상상을 하자마자 그것이 사실일 것이라는 생각"을 하고, 나아가 "그런 생각이 떠올랐다는 것만으로도 사실에 대한 저항할 수 없는 증거였다."고 확신합니다. 자기 머릿속에 어떤 생각이 떠올랐다는 사실만으로 그 생각이 진실이라고 확신하다니 정말 자기 안에 갇힌 생각이지 않습니까? 프랑켄슈타인의 이런 자폐적 사고방식이 괴물의 영혼에 심어져 잠자는 여성의 거절을 상상하고는 마치 그것이 객관적 사실인 양 분노하여 그녀에게 살인 누명을 씌운 것이겠지요.

괴물을 인간으로 되돌리는
소통의 용기

낭만주의는 '고독'을 찬미합니다. 월턴 대장이 고독에 빠진 프랑켄슈타인을 보고 "혼자 세상에 잠겨 있으면 그는 후광을 두른 하늘의 정령 같았습니다."라고 감탄한 것처럼 고독은 낭만주의적 영혼의 본질과도 같습니다. 19세기 서구 사회는 이 고독한 낭만주의적 영혼을 통해 근대적 자아를 빚어냈습니다. 세계로부터 고립된 내밀한 영역, 즉 '프라이버시'(privacy)의 영역이 확장되고, 그 고독의 공간에서 세계와 홀로 마주한 개인, 타인과 분리된 개인이라는 근대적 자아가 탄생한 것입니다.

프랑켄슈타인의 '자기 안에 갇힌 생각'과 '생각 안에 갇힌 실존'은 이 근대적 자아의 괴물적 형상입니다. 그가 괴물을 창조한 높은 탑과 외딴섬은 그의 사고를 괴물처럼 뒤틀리게 만든 폐쇄적 조건이기도 합니다. 그는 창조된 괴물에게 자신의 염원과 두려움을 털어놓을 생각은 조금도 하지 않고 도망쳐 버렸으며, 괴물을 자기만의 비밀로 만들면서 그의 내면 역시 괴물처럼 비뚤어졌습니다. 그러면서 그의 삶은, 그의 실존은 점점 자기만의 생각 속에 갇혀 버렸습니다. 현실을 생각으로, 실천을 상상으로 대체해 버린 것입니다. 생각 안에 갇힌 실존의 괴물성은 "그런 생각이 떠올랐다는 것만으로도 사실에 대한 저항할 수 없는 증거였다."라는 말로 압축됩니다. 주관적 진실이 객관적 진실을 잡아먹어 버린 이런 자폐적 사고는 원래는 선했으나 프랑켄슈타인에 대한 원한에 사로잡힌 괴물의 영혼을 잠식해 버립니다.

자신의 생각이 진실의 유일한 증거라고 믿는 괴물의 사고방식에 없는 것은 무엇일까요? 바로 타자와의 소통 의지입니다. 프랑켄슈타인이 처음 괴물을 창조했을 때 무서웠을지라도 괴물과 소통하려 했다면, 홀로 버려진 괴물과 그에게 언어와 선악을 가르쳐 준 오두막집 사람들과의 소통이 이뤄졌다면, 프랑켄슈타인이 괴물의 존재를 다른 사람들, 최소한 그가 사랑하는 가족, 친구, 연인에게라도 얘기했다면, 오두막집 사람들에게 외면당한 괴물의 말을 들어 주고 위로해 준 사람이 단 한 명만 있었다면 프랑켄슈타인과 괴물의 비극적 갈등은 일어나지 않았을지도 모릅니다.

물론, 타자와 소통하는 건 결코 쉬운 일이 아닙니다. 타자(他者)란 말 그대로 자기와 다른 존재, 알 수 없는 존재, 예상할 수 없는 존재이기 때문에 두려움을 일으킵니다. 프랑켄슈타인이 자기가 만들고도 괴물을 보자마자 도망쳐 버린 것도, 괴물이 요구한 여자 생명체를 만들다 파괴해 버린 것도 미지에 대한 공포 때문입니다. 하지만 두려움 때문에 타자와의 소통을 포기할 때 타자는 점점 괴물이 되어 갑니다. 그래서 필요한 것이 '용기'입니다. 소통을 시작하는 용기, 소통을 포기하지 않는 용기, 그런 '소통의 용기'가 괴물을 인간으로, 인간을 인간에게 가장 유익한 친구로 되돌리는 묘약이 아닐까요?

◉

나를 창조한 자에게 저주가 있기를!

당신은 무엇하려고 당신 자신조차도 역겨워서

등을 돌릴 그런 흉측한 괴물을 만들었습니까?

하느님은 불쌍히 여기는 마음에서 자신의 형상에 따라

인간을 아름답고 매력적인 모습을 만드셨습니다.

그러나 내 모습은 당신의 형상을 따라

추악하게 만들어졌습니다.

◉

나의 몸이여, 네가 언제나
질문하는 사람이 되게 하기를!

—

프란츠 파농 · 『검은 피부, 하얀 가면』

마지연

흑인이라는 꼬리표,
기존의 언어를 의심하라

위대한 흑인 사상가, 프란츠 파농 (Frantz Fanon, 1925~1961). 이렇게 소개하고 나면 왠지 기분이 복잡해집니다. 프란츠 파농이 화낼 것 같습니다. 파농은 프랑스의 식민지였던 마르티니크 출신의 흑인이었습니다. 마르티니크는 카리브 해에 있는 작은 섬입니다. 소수의 백인 지배 계층이 있기는 했지만, 주민의 대부분은 흑인이었습니다. 그래서 파농은 흑인이라는 것에 별 불편함을 느끼지 못했지요. 자신이 흑인임을 알게 된 것은 백인의 시선에 의해서입니다.

파농이 마르티니크를 떠나서 지배국이었던 프랑스에 가 보니, 뭘 해도 '검둥이'(negro)라는 범주로 환원되었던 거지요. 지칠 정도로 많이 듣게 되는 흑인이라는 꼬리표. 예를 들어 파농은 프랑스 리옹 의과

대학을 다니던 시절에 백인으로부터 다음과 같은 식의 소개를 많이 받았나 봅니다. 앞으로 살펴볼 『검은 피부, 하얀 가면』에 나오는 한 대목입니다.

— 잘 만났어. 내 흑인 동료를 소개할게. ……흑인으로 대학에서 교수자격시험을 통과한 에메 세제르…… 가장 위대한 흑인 여가수 메리언 앤더슨…… 흰 피를 발명한 코브 박사가 흑인이야. ……여기, 내 마르티니크 친구와 인사해요 (조심해요, 그는 아주 예민해)…….
수치감. 나 자신에 대한 수치감과 경멸. 구토감. 그들은 나를 사랑할 때면, 그건 내 피부색과 상관없다고 말한다. 나를 미워하면, 그건 내 피부색 때문이 아니라고 덧붙인다. ……이래도 저래도 나는 지옥 같은 악순환의 포로이다.

백인들은 파농을 그냥 동료로 소개하지 않고, '흑인 동료'라고 소개했습니다. 그리고 부자연스럽게 긴 부연 설명이 이어졌습니다. 유명한 흑인의 이름을 나열하면서, 흑인 중에는 이렇게 똑똑하거나 재능 있는 사람들도 있다는 식의 설명을 덧붙였지요.
백인들은 파농을 사랑할 때도, 미워할 때도, 피부색을 들먹거립니다. "그건 네 피부색과 상관없어."라는 말조차, 피부색을 염두에 두고 있었다는 반증이지요. 흑인은 언제나 피부색으로 환원되는 "지옥 같

프란츠 파농 마르티니크에서 태어난 정신과 의사이자 작가이다. 식민지에서 억압받는 사람들이 정신 장애로 고통받는 사실에 주목했다. 알제리에서 정신과 의사로 일하면서, 알제리의 독립을 위해 싸웠다. 『검은 피부, 하얀 가면』, 『대지의 저주받은 사람들』, 『알제리 혁명 기원 5년』 등을 남겼다.

은 악순환의 포로"가 됩니다. 한 명의 인간을 설명하거나 소개하는 데 왜 굳이 피부색이 언급되어야 하는 걸까요?

　흑인이라는 꼬리표를 붙이는 것에는 피부색을 기준으로 인간을 평가하는, 유색인에 대한 편견과 차별이 작동하고 있습니다. 유럽인은 흑인에 대한 고정관념을 갖고 있다고 파농은 말합니다. 검둥이는 미개하고 무식하고 열등하다는 편견입니다. 그 편견에 부합하지 않는 흑인(예를 들어, 검둥이 교수나 의사, 정치가)을 보게 되는 경우에는 "집요한 무례함"이 항상 따릅니다. "우리한테는 세네갈인 역사 교수가 있어. 아주 똑똑해." 혹은, "우리 의사는 흑인이야. 아주 상냥하지." 이런 식입니다.

앞의 인용문에 나오는 에메 세제르는 파농과 마찬가지로 마르티니크 출신이며, 유명한 시인이었습니다. 파농이 마르티니크에서 학교를 다닐 때 철학 교사로 근무했었고, 파농은 그의 영향을 많이 받았습니다. 『검은 피부, 하얀 가면』에도 에메 세제르의 말을 자주 인용합니다. 에메 세제르는 프랑스 사회에서도 잘 알려진 시인이었는데 누군가 그를 소개할 때면, 흑인으로 대학교수자격시험을 통과했다는 사실을 언급하곤 했습니다.

혹은 이렇게 소개하기도 했습니다. "오늘날 그만큼 프랑스어를 구사하는 백인이 없을 정도로 프랑스어를 잘 구사하는 흑인이다." 에메 세제르의 시집 『귀향수첩』 서문에 실린 어느 백인의 평입니다. 책의 서문에는 보통 작품 세계를 소개하는 글이 실립니다. 그런데 시인을 두고 프랑스어를 잘 구사하는 흑인이라니. 이 소개 글을 쓴 백인 작가도 흑인을 비난할 의도는 없었을 겁니다. 오히려 그는 에메 세제르의 언어 능력에 감탄하고 있습니다. 하지만 여기에 숨겨진 속내는 이런 것에 가깝지 않을까요. 흑인이 말을 할 줄 알다니! 오 놀라워라.

파농을 수식하는 단어, 위대한 흑인 사상가. 이 말은 상당히 복합적인 뉘앙스를 풍깁니다. 우선, 이런 의문이 들지요. 백인 사상가나 백인 철학자라는 말은 없는데 왜 굳이 흑인이라고 이야기해야 하는가. 백인의 지능은 의심할 바 없지만 흑인이 똑똑하다는 것은 예외적인 경우로 인식됩니다. 백인은 '보편'적이고, 흑인은 '특수'한 케이스에 속하는 거죠. 그러니까 자꾸 흑인이라는 꼬리표가 붙는 겁니다.

백인 사회에서는 항상 파농의 피부색이 문제가 됩니다. 심지어 백인이 정중하고 친근하게 이런 말을 건넬 때도 마찬가지입니다. "선생, 아세요, 나는 리옹의 친흑인파 가운데 한 사람이오." 그는 백인에게 오직 흑인으로만 환원됩니다. 그가 가진 다른 인간적인 특징들은 눈에 보이지도 않을 뿐 아니라, 그 특징들은 모두 피부색에 결부됩니다. "내가 여러분에게 말한 적이 있다. 나는 유폐된 자라고: 내 세련된 태도, 내 문학 지식, 양자 이론에 대한 내 이해력 모두 은총이 되지 못했다."

나는 도대체 누구인가. 파농은 고통 속에서 자신의 검은색과 마주했습니다. 그가 세상을 향해 던지는 모든 메시지들 — 자신의 말과 행동, 태도, 몸짓, 미소 — 는 고스란히 '검은색'으로 되돌아옵니다. "진하고 이론의 여지가 없는 나의 검은색. 그리고 그 색상은 나를 빙빙 돌게 하고, 나를 쫓아내고, 나를 불안하게 하고, 나를 한없이 지치게 한다."

"저런, 검둥이네!" 그것은 길을 가는 나를 가볍게 도발하는 외부 자극이었다. 나는 슬쩍 미소를 지었다.

"저런, 검둥이네!" 그것은 사실이었다. 나는 재미있었다.

"저런, 검둥이네!" 원은 점점 죄어들었다. 나는 드러내 놓고 재미

있어했다.

"엄마, 저 검둥이 봐요. 무서워요!" 무서움! 무서움! 드디어 나를 두려워하기 시작했다. 나는 재미있어 죽을 지경이고 싶었다. 그러나 그건 불가능했다.

흑인의 목소리

『검은 피부, 하얀 가면』은 1952년에 출간되었고, 그때 파농의 나이는 스물일곱이었습니다. 리옹 의과대학에서 정신의학을 전공한 파농이 박사 학위 논문으로 쓴 것이었습니다. 애초에 그가 붙였던 제목은 '흑인의 탈소외에 관한 시론'이었습니다. 그러나 논문 형식에 적합하지 않다는 이유로 논문 심사를 거부당했고, 그 뒤 '검은 피부, 하얀 가면'이라는 제목의 책으로 출간되었습니다. 기존의 형식에 맞지 않아서 논문으로 통과되지 못했던 『검은 피부, 하얀 가면』은 현재 탈식민주의의 고전으로 불리고 있습니다.

이 책은 파농이 7년간 경험하고 관찰한 사실을 바탕으로 하고 있습니다. 크게 나누면 리옹 유학 시절과 그 전에 제2차 세계대전에 참전한 경험이 주가 될 것입니다. 파농은 열아홉에 자유프랑스군에 자원

『검은 피부, 하얀 가면』. 프로이트, 융, 라캉의 정신분석 이론으로 흑인을 포함한 유색 인종의 심리를 면밀하게 분석한 책이다. 인종 문제를 최초로 심리학과 정신분석의 관점에서 분석한 책이라고 평가받는다.

입대해서 제2차 세계대전에 참전했는데, 그때의 경험이 인종 문제를 인식하게 되는 결정적 체험이었습니다.

파농이 제2차 세계대전에 참전한 것은 독일 민족의 우수성을 내세우며 유대인을 학살했던 나치즘에 저항하기 위해서였습니다. 그가 전쟁터로 나가려고 하자, 파농의 형은 어떻게든 말리려는 마음에 "백인들끼리 싸우는데 괜히 나서지 말라."고 했답니다. 그러나 파농은 "자유를 위해 싸우는데 흑백의 구분이 있을 수 없다."고 당차게 말했지요. 그런데 파농은 전쟁에서 뜻밖의 경험을 합니다. 인종차별을 철폐하기 위해 싸우겠다고 나섰는데 정작 자신의 조국이라고 여겼던 프랑스군에서 인종차별을 경험했던 거지요. 파농은 충격에 빠졌습니다. 다음은 전쟁 중에 어머니에게 보낸 편지의 일부입니다.

저는 무엇을 위해 떠났던 것일까요? 그저 낡아 빠진 어떤 이상을 수호하기 위한 것이 아니었나 싶습니다. ……모든 것에 회의를 느낍니다. 제 자신에 대해서까지 회의가 들 정도입니다. 저는 어쩌면 부모님 곁으로 돌아갈 수 없을지도 모릅니다. 어느 날 제가 적과 싸우다 죽었다는 소식을 들으시게 될지도 모르겠습니다. 설령 그런 일이 생기더라도 너무 슬퍼하지 마십시오. 다만 우리 아들은 대의를 위해 싸우다 죽었다는 식의 말로 위안을 삼지는 말아 주십시오. ……속인들과 어리석은 정치인들의 방패일 뿐인 그런 거짓 이데올로기는 더 이상 우리를 환히 비춰 주지 않을 것이기 때문입니다.

— 알리스 셰르키, 『프란츠 파농』

파농은 이상과 현실의 괴리와 모순을 느꼈습니다. 인종차별과 나치즘에 저항한다는 대의명분은 프랑스 권력자들의 거짓된 명분일 뿐이었고, 자신은 그들의 방패막이에 불과했다는 사실을 깨닫습니다. 만약 파농이 백인이었다면 '나는 나치와 저항해서 싸웠노라.'고 자랑스러워할 수도 있었겠지요. 그러나 파농은 그럴 수 없었습니다. 자신이 몸담고 있던 프랑스군 역시 나치와 별다를 바 없는 인종차별주의자들이었으니까요.

그때 파농이 속해 있던 프랑스 군대를 한번 살펴볼까요. 군대에는 다양한 인종과 여러 지역 출신의 병사가 섞여 있었습니다. 하지만 철저히 인종과 지역별로 서열화되어 있었지요. 첫 번째는 유럽 백인, 그 다음이 유럽 식민지의 흑인, 가장 아래가 아프리카계 흑인이었습니다. 백인이냐 아니냐, 흑인이라고 하더라도 유럽의 식민지냐, 아프리카 쪽이냐에 따라 등급이 매겨졌고, 병영 시설이나 군수품, 음식 등 모든 처우가 달랐습니다. 그리고 그들의 계급은 각각 다른 모자의 모양과 색깔로 눈에 띄게 구분되었습니다.

마르티니크 출신인 파농은 유럽 식민지 병사의 모자를 썼고, 아프리카계 세네갈 병사들은 빨간색 원통형의 모자를 썼습니다. 유럽 식민지 병사나 세네갈 병사나 외모는 둘 다 검기 때문에 구별이 필요했던 거지요. 모자를 깜박하고 안 썼다가는 엉덩이를 걷어차이기 일쑤였습니다. 유럽 식민지 병사는 세네갈인으로 오해받으면 엄청난 모욕감을 느끼고 화를 냈습니다. 엉덩이를 걷어차였으니 모욕감을 느끼는 건 당연합니다. 그러나 흥미로운 사실은 이런 겁니다. '나를 검둥이로 오해하다니!' 하고 펄쩍 뛰는 거지요.

내가 검둥이라고? 사람을 뭐로 보고. 유럽 식민지 병사들이 검둥이라는 말을 들을 때 떠올리는 것은 자기보다 더 검은 세네갈인일 뿐입니다. 자신은 검둥이가 아니고, 아프리카 노예의 후손과는 아무런 관련이 없으며, 어디까지나 프랑스인이라고 여기는 거지요. 흑인은 자기가 흑인이라는 사실을 모릅니다. 즉 백인의 눈에는 똑같은 흑인, 똑같은 검둥이일 뿐이라는 사실을 모르는 거지요.

자신이 흑인이라는 사실을 알게 되는 것은 백인의 시선에 의해서입니다. 흑인을 보는 백인의 시선에 담긴 조롱과 경멸의 의미를 읽는 순간, 흑인은 지금까지 몰랐던 사실 — 자신이 검둥이라는 사실 — 을 알게 됩니다. 그 전까지는 자신을 그저 한 명의 인간으로 여길 뿐입니다. 흑인이라는 사실 때문에 곤란함과 불편함을 겪은 뒤, 백인 세계에 던져진 '흑인'이 어떤 존재인가를 알게 되는 거지요. 모욕당하는 검둥이. 그건 남의 일이 아니라, 바로 자기 자신의 일입니다.

파농은 군대에서 피부색에 따라, 유럽 출신이냐 아니냐에 따라 인간의 등급이 매겨지는 인종주의의 현실을 적나라하게 본 겁니다. 고향 마르티니크에 있을 때는 잘 보이지 않았고, 느낄 수 없었던 인종차별을 몸소 겪고, 인종주의 사회의 구조적 모순에 눈뜨게 되었습니다. 인종주의란 백인은 우월하고 흑인은 열등하다는 뿌리 깊은 편견을 말합니다. 백인이 흑인을 지배하는 식민지 체제를 정당화하기 위해 필요한 지배 논리였지요. 열등하고 미개한 흑인에게 우수한 백인의 문명을 전파한다는 식으로 말입니다.

전쟁이 끝난 뒤 파농은 프랑스의 리옹에서 유학 시절을 보냅니다. 리옹 유학 시절은 파농이 흑인 문제를 깊게 성찰하는 시기였습니다. 그는 정신분석학, 철학, 문화인류학 등을 폭넓게 공부했고, 다양한 임상 사례를 수집하고 연구했습니다. 『검은 피부, 하얀 가면』에는 이 시기에 파농이 읽은 책, 친구들과 나눈 대화, 자기가 겪은 사례와 감정들이 고스란히 담겨 있습니다. 흑인과 언어의 문제를 다루기도 하고, 소설에 드러난 유색인이 백인 앞에서 취하는 태도를 분석하고, 임상 사례를 들어 흑인의 심리-실존적 콤플렉스를 분석하기도 합니다. 책의 형식이 조금 독특하지요. 자기가 일상에서 보고, 듣고, 읽은 모든 것이 뒤섞여서 소재가 되었으니까요. 논문이 아니라고 하더라도 꽤 독특한 형식이긴 합니다.

문체는 더 독특합니다. 글은 머리로 쓰지 않고, 몸으로 쓴다는 말이 있습니다. 대개 이 말은 엉덩이를 붙이고 앉아 있어야 한다, 엉덩이의 힘으로 쓴다는 뜻으로 많이 사용합니다. 글을 쓰는 것이 정신노동일 뿐만 아니라 육체노동이기도 하다는 의미이지요. 파농은 글자 그대로 몸으로 썼습니다. 목소리로 썼으니까요. 방 안을 거닐면서 한 구절씩 소리 내어 말하면, 다른 사람이 그 말을 받아 적었던 거지요. 파농은 마치 웅변하듯이 말했다고 합니다. 그래서 파농의 글에는 말의 리듬, 몸의 리듬이 살아 있고 감각적입니다.

『검은 피부, 하얀 가면』 곳곳에 파농의 경험이 배어 있는데 그중에서 가장 돋보이는 부분은 '흑인의 실제 경험'이라는 장입니다. 백인의 세계에서 자기 정체성을 찾으려는 흑인의 고통스러운 몸부림을 느낄 수 있습니다. 파농의 글 속에는 유독 말줄임표가 많습니다. 백인을 기준으로 한 기존의 언어 속에서 흑인은 설 자리가 없습니다. 말줄임표에서 백인의 세계 속에서 말을 잃고 비틀거리는 흑인이 느껴집니다.

흑인이 느끼는 혼란스러운 감정이 그대로 드러나지요. 파농은 그런 흑인의 감정을 드러내는 것을 서슴지 않았습니다.

나는 진실로 주관적인 경험은 다른 사람의 이해를 받을 수 있다고 믿는다; 따라서 흑인 문제는 내 문제, 오직 나만의 문제이고, 그래서 내가 연구에 착수해야 할 문제라고 말하는 것이 달갑지는 않다. (⋯) 나는 이 연구에서 흑인의 비참함에 가닿고자 최선을 다했다. 신체적으로나 감정적으로나. 나는 객관적이기를 원치 않았다. 더구나 그건 착오다: 내가 객관적이기는 불가능했다.

『검은 피부, 하얀 가면』은 여러 면에서 논쟁을 불러일으켰습니다. 당시 프랑스인의 반응을 한번 볼까요. 우선 '감상적'이라는 비판이 있었습니다. 그러나 이성적이라든가, 객관적이라든가 하는 기준은 유럽 백인의 관점일 뿐입니다. 흑인의 몸에서 나온 차별 경험과 그에 따른 감정은 실제적입니다. 프랑스 지식인들은 흑인이 느끼는 감정에 공감하지 못하거나 어떤 면에서는 두려워했다고도 할 수 있습니다. 당시 프랑스 지식인들에게 파농의 책은 너무나 불온한 것이었습니다.

어떤 사람들은 파농을 두고 환자라고 비난했고, 또 다른 사람들은 "시대착오적이다."라는 방어적인 반응을 보이기도 했습니다. 인종주의라는 문제 제기가 낡았다는 뜻인데, 프랑스 땅에서 인종차별은 이미 사라졌다고 발끈하는 거지요. 어찌 보면 대다수 백인들의 이런 반

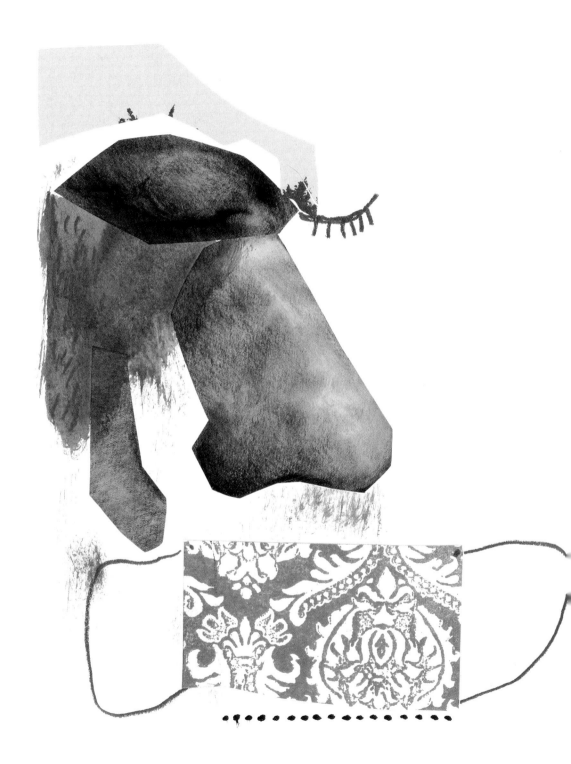

응은 당연한 건지도 모르겠습니다. 그들은 인종차별을 몸으로 경험하지 못하니까요. 문제는 현실입니다.

우리가 이런 구절―"검둥이는 미개인이다. 미개인들을 인도하기 위해서는 단 하나의 방법만 있다: 엉덩이를 걷어차라."―을 읽을 때, 책상 앞에서는 "그런 바보짓은 모두 사라져야 한다."라고 생각한다. 하지만 모두가 저 말에 동의하고 있다.

『검은 피부, 하얀 가면』은 파농이 자신의 몸으로 부닥친 차별 경험으로부터 나왔습니다. 그의 사상의 독특함이 여기에 있습니다. 그는 백인이 경험하지 못한 현실을 경험했고, 그것에 관해 말했습니다. 그의 목소리가 큰 울림을 주는 것은 그동안 억압당했던 흑인이 주체로서 말하고 있기 때문입니다. 파농은 인종차별에 관한 책을 썼지만 이렇게 말합니다.

인류애, 존엄의 감정, 사랑, 자애에 호소하면 흑인이 백인과 마찬가지라고 증명하든가 인정하게 만드는 것이 수월하리라. 그러나 우리의 목적은 그런 것이 아니다: 우리가 원하는 것은 흑인이 식민지 상황에서 싹튼 콤플렉스의 창고로부터 스스로 해방되도록 돕는 것이다.

흑인의 목소리는 낯설 수밖에 없습니다. 지금까지 자기 목소리를 낼 수 없었던 흑인의 입장에서 말하고 있으니까요. 거기에는 새로운 힘이 들어 있습니다. 백인들의 시선과 말 속에서 스스로 위축되고 자기 자신을 부정할 수밖에 없게 만드는 사회 구조를 직시하게 합니다. 또 그 구조를 바꾸기 위해 행동할 수 있는 힘, 있는 그대로의 자기 자신과 만나게 하는 힘입니다.

흑이냐 백이냐

백인 지배자와 동일시하다

파농의 고향인 마르티니크는 17세기부터 프랑스의 식민지로 피부색이 특권이 되는 사회였습니다. 조금만 옅은 갈색이어도, 그것이 곧 신분과 지위를 나타낼 수 있었지요. 상류층으로 올라가기 위해서는 하얀색이 필요했습니다. 철저한 인종차별 사회였지만, 인종 간의 갈등을 인식하기는 어려웠습니다. 200년 동안 이어진 식민 통치 기간 동안 프랑스의 언어와 문화를 강요받았기 때문입니다.

마르티니크의 공식 언어는 프랑스어였습니다. 지방어인 크레올어가 있기는 했지만 마르티니크인은 프랑스어로 교육받았습니다. 두 가지 언어를 사용했던 셈이지요. 그러나 크레올어는 학교에서나 가정에서나 우스운 것으로 경멸하도록 배웠습니다. 선생님과 부모들은 아이들이 크레올어를 사용하지 못하도록 했지요.

어린 파농이 학교에서 처음으로 쓰기를 배웠던 문장은 "나는 프랑스인입니다."였습니다. 실제로는 프랑스의 지배를 받는 식민지인이었지만, 자신을 프랑스인으로 여기게 됩니다. 또 학교 작문 숙제에는 이런 글을 쓰기도 했습니다. "나는 방학을 사랑해요. 왜냐하면 들판을 가로질러 달리고, 맑은 공기를 들이마시고, 두 뺨이 발그레해져서 돌아올 테니까요." 그는 결코 두 뺨이 발그레해지지 않는 흑인이었는데 말입니다.

파농은 자기도 모르게 백인의 언어로 자기 자신을 바라보고 있었습니다. 백인처럼 생각하고, 백인처럼 말했던 거지요. 그래서 한동안 자신을 프랑스인으로, 그리고 백인과 같은 인간으로 여겼을 겁니다. 언어는 세계관, 가치관, 사고방식을 지배하니까요.

나는 검둥이다. ― 그렇지만 당연히도 나는 그것을 모르는데, 내가 검둥이기 때문이다. 집에서 어머니는 프랑스어로, 검둥이와는 아무 상관없는 프랑스어 연가를 불러 주었다. 내가 말을 안 듣거나 너무 떠들면 "검둥이처럼 굴지 말라."는 소리를 들었다.

흑인은 검둥이가 아니라 백인의 정체성을 갖게 됩니다. 자기를 억압하는 백인 지배자와 동일시하는 겁니다. 학교나 가정에서뿐만 아니라 흑인이 접하는 모든 매체들은 백인의 세계관을 반영하고 있습니다. 백인이 사악한 인디언을 물리친다는 동화를 읽으면, 아이들은 자신을 동화의 주인공인 백인과 동일시하게 됩니다. 그리고 자신이 검둥이임에도 불구하고, 검둥이는 사악하고 열등하다는 백인의 인식을 자기도 모르게 흡수하게 됩니다.

> 하늘의 별자리처럼 천차만별인 여건들과 일련의 명제들이 있고 그것들은 천천히 교묘하게 글과 신문, 교육, 교과서, 광고, 영화, 라디오 덕택에 개인에게 침투하여, 그가 속하는 집단의 세계관을 구성한다. 앙티유인들에게 이 세계관은 백색이다. 검은 표현은 존재하지 않기 때문이다.

마르티니크가 있는 카리브 해의 섬 무리를 일컬어 앙티유 제도라고 합니다. 오랫동안 유럽의 식민 지배를 받아 온 앙티유인들은 "백색"의 세계관에 물들어 있습니다. 흑인이 자기를 백인 지배자와 동일시하는 것은, 결국 자기 자신을 소외시키는 것입니다. 스스로 자기 자신을 부정하고, 억압하게 되는 거죠. 심지어 백인들이 갖고 있는 검둥이 혐오나 검둥이 공포증 같은 태도를 보입니다. 흑인은 자기가 검둥이임에도 불구하고 '검둥이'를 받아들일 수 없는 거지요. 이런 일화가 있습니다. "흑인 여성인 너는" 하고 말했을 때, 그 흑인 여학생은 화들짝 놀라며 이렇게 말했다고 합니다. "내가? 검둥이라고? 너 내가 거의 백인인 거 안 보여? 난 검둥이들을 혐오해. 그네들은 냄새가 나. 그네들은 더럽고 게을러 빠졌어." 또 '흑인 만날 위험이 없는' 파리의 무도 회장 리스트를 갖고 있는 흑인 여학생도 있고요.

> 어떤 면에서도 나의 피부색이 결점으로 느껴져서는 안 된다. 검둥이는 유럽인에 의해 부과된 분열을 받아들이는 순간 쉴 틈이 없게 된다. 그러니 "그때부터 그가 백인으로까지 올라서려는 것이 이해할 만하지 않은가? 그가 일종의 서열을 매긴 색상 단계 속에서 올라서려는 것이?"

하얀색이 될 것이냐, 사라질 것이냐

흑인의 인간적 가치는 백인의 관점에서 결정됩니다. 흑인은 어느 정도 문명화되었느냐, 어느 정도 프랑스어를 잘하느냐에 따라 평가됩니다. 즉 '얼마나 백인에 가깝냐' 하는 것이 흑인을 판단하는 척도입니다. 인간의 기준은 백인입니다. 그 기준에 따라 흑인에 대한 평가도 대우도 달라집니다. 백인의 언어, 프랑스어를 잘하는 흑인은 일정한 명예를 누릴 수 있었습니다.

> 흑인은 백인과 같기를 원한다. 흑인에게는 단 하나의 운명만이 있다. 그것은 흰색이다.

흑인은 기를 쓰고 백인이 되어야 합니다. 백인의 언어, 백인의 문화를 자기 것으로 삼을수록 그는 식민지 원주민의 가시덤불에서 벗어나게 됩니다. 경제적 보상과 지위 향상도 어느 정도 따릅니다. 그러나 흑인이 아무리 노력해도 백인이 될 수는 없는 법. 아무리 해도 채워지지 않는 열등감과 결핍에 시달립니다. 식민주의는 이처럼 존재 자체를 바꿀 것을 강요합니다. 너는 백인이 되어야 한다고.

파농이 리옹에서 강연을 했을 때 어느 프랑스인 동료가 자신에게 열광하며 다가와 이렇게 말했다고 합니다. "사실상 너는 백인이야." 프랑스어로 흥미로운 강연을 함으로써 "백인과 동등한 자격"이 주어진 것입니다. 흑인은 백인이 되어야 하는 모순에 빠지게 됩니다. 흑인으로서 환영받지 못했기 때문에 흑인으로서 자존감을 갖기가 어렵습니다. "행동하고, 사고하고, 또는 열렬히 환영받는 것은 흑인으로서의 내가 아니다." 그는 '백인만큼' 프랑스어를 잘하는 흑인, '백인만큼' 지성을 가진 흑인이었습니다.

아직 백인이 아니고 이제는 완전한 흑인도 아닌 나는 저주받은 자였다.

흑인은 당연히 백인이 될 수 없고, 그렇다고 온전한 흑인이 될 수도 없습니다. 이미 백인의 언어와 문명을 자기 것으로 삼았기 때문입니다. 그런 사회에서 흑인이 자기 자신을 백인이라고 여기거나, 백인이 되기를 원하는 것은 어찌 보면 당연합니다. 심지어 자기가 흑인이면서 흑인을 혐오하기까지 합니다. 파농은 그런 흑인들의 심리를 병리학의 영역에서 다룰 수 있다고 여겼습니다.

그러나 백인이 되고자 하는 흑인의 '병적' 욕망은 개인적인 욕망이 아닙니다. 병적인 사회가 키워 낸 욕망입니다. 백인을 기준으로 하는 인종차별적인 사회구조에서 검둥이가 감당해야 하는 물질적, 정신적 고통이 너무 크니까요. 파농이 실제로 어느 흑인의 꿈을 분석해 보니, 그는 백인이 되고 싶어 하는 무의식적 욕망을 갖고 있었습니다. 알고 보니 그는 승진에 어려움을 겪고 있었지요.

흑인은 더 이상 하얀색이 될 것이냐 사라질 것이냐 하는 딜레마 앞에 놓여 있지 않아야 하고 존재의 가능성을 의식할 수 있어야 한다; 또 달리 말해서 만약 사회가 그에게 피부색 때문에 어려움을 준다면, 내가 그의 꿈에서 피부색을 바꿀 무의식적 욕망이 나타난 것을 확인한다 해도 내 목적은 그런 욕망과 "거리를 두라고" 조언하여 그를 단념케 만드는 것이 아니다; 오히려 내 목적은 일단 동기가 밝혀지면 진정한 갈등의 원천 — 즉 사회구조 — 에 대해 취할 행동(또는 복종)을 선택할 수 있도록 해 주는 것이다.

검둥이는 없다,
백인도 마찬가지다

자기가 '검둥이'라는 사실을 깨닫고, 자기 정체성에 눈뜨게 되는 것은 상당히 고통스러운 일입니다. 차라리 프랑스인으로, 백인으로 여기면서 착각 속에서 사는 게 나을 지경이지요. 자신이 검둥이라는 사실을 깨닫게 되는 순간, 유럽에서 흑인이 떠안고 있는 온갖 부정적인 이미지를 떠안게 됩니다. 검둥이는 악하고, 추하고, 열등하다는 이미지와 스스로 전투를 벌여야 하지요.

사방에 백인이다. 저 높이 하늘이 스스로 배를 가르고, 대지가 내 발 아래서 삐걱거리고, 하얗고 하얀 노래. 나를 검게 태우는 이 모든 백색……
나는 불가에 앉았다. 그러자 내 털가죽 제복이 보였다. 나는 그것을 보지 못했었다. 그건 정말 추했다. 나는 멈추었다. 무엇이 아름다운지를 누가 나에게 말해 줄 것인가?

나는 이제부터 어디로 끼어들 것인가? 나는 내 존재의 수많은 단면에 쉽게 알아볼 수 있을 만큼이나 충혈이 일어난 것을 느꼈다.

인용문에 나온 '털가죽 제복'은 검은 피부를 말합니다. 그런데 자기가 보기에도 그게 추합니다. 검둥이는 추하다는 관념에서 자유로울 수 없는 거지요. 어쩔 수 없이 백인의 눈으로 보게 됩니다. 그러나 "무엇이 아름다운지를 누가 나에게 말해 줄 것인가?" 그는 백인 세계를 향해 질문을 던집니다. 아름다움의 기준은 뭔가? 아니, 누구의 기준인가? 백인의 관점에 의문을 던지게 될 때, 새로운 눈을 뜨게 되는 겁니다.

파농은 자기 자신을 "뿌리째 뽑히고 낱낱이 흩어져 당황스러운 인간, 공들인 진실들이 하나씩 해체되는 것을 보도록 파문된 인간"이라고 했습니다. 결코 편안한 처지는 아니지만, 부정적인 것만도 아닙니다. 백인 세계에 포함되지 않는 흑인이라는 그의 처지가 백인 세계와 권력에 대해 의문을 품게 했습니다.

파농은 흑인이 느끼는 열등감이나 수치감, 위축감 등 불편한 감정을 드러냅니다. 그리고 그 감정이 흑백의 권력 구조에서 비롯된 것임을 보여 줍니다. "이렇게 말할 용기를 내자: 열등성을 만들어 낸 것은 인종주의자이다." 피부색 서열 단계에서 위로 올라가려고 하는 것은

인종주의를 그대로 유지한 채 그 틀 안에서 우위에 서려는 것입니다.

그러나 파농은 흑백 대립의 인종주의라는 틀 자체를 해체합니다. 그는 흑인의 고유성이나 독창성에 대해서 주장하지 않습니다. 오히려, 검둥이들을 찬양하는 자는 그들을 저주하는 자와 마찬가지로 '환자'일 뿐이라고 말합니다. "인간을 붙박아 두려 하지 않아야 한다. 그의 운명은 놓여나는 것이기 때문이다."

파리의 흑인 유학생들에게서 두 가지 태도를 발견할 수 있습니다. 하나는 "백인 세상, 즉 진정한 세상을 지지하는 것"이고, 아니면 유럽을 "저 유럽 놈들"이라며 거부하는 것입니다. 그리고 흑인 세계 속에 파묻히는 것이지요. 파농은 이 두 가지 모두를 소외로 보았습니다. 그는 흑이냐, 백이냐 하는 이분법적 틀에 갇히지 않았습니다.

유색인인 나는 단 한 가지를 원할 뿐이다:
결코 도구가 인간을 지배하지 않기를. 인간이 인간을, 말하자면 자아가 타자를 노예화하는 일을 그만두기를. 인간이 어디에 있든, 내가 그 인간을 찾고 원하도록 허락되기를.
검둥이는 없다. 백인도 마찬가지다.

약자가 가진 힘

파농을 흑인 사상가로 소개할 수밖에 없는 것은 그가 '흑인 문제'를 분석하고 성찰했기 때문입니다. 흑인은 사상이나 철학 같은 것을 하기 이전에 먼저 자신이 흑인이라는 사실과 싸워야 하는지도 모릅니다. 그러나 역설적으로 그 싸움이 바로 파농의 사상입니다. 『검은 피부, 하얀 가면』은 프란츠 파농의 자기 탐구였습니다. 흑인이라는 고정된 이미지와의 싸움, 자기 정체성을 향한 치열한 성찰이 담겨 있습니다.

파농이 '흑인 문제'를 사유했다고 했는데, 더 정확히 말하면 흑백의 '관계'입니다. 흑인의 검은색이 그 자체로 무슨 의미가 있겠습니까. 검은색은 하얀색을 기준으로 한 고정관념입니다. 그러니 자기 정체성의 문제, 자기 탐구는 자아와 타자의 관계, 백인 지배자와 흑인 피지배자의 권력관계의 분석입니다. 이처럼 자기 탐구는 그 자체로 사회적이고 정치적일 수밖에 없습니다.

백인이 이 권력관계를 적나라하게 해부할 수는 없을 것 같습니다. 왜냐하면 백인은 흑백의 권력관계, 인종주의적 관점에서 늘 우월하고 편안하기 때문입니다. 백인은 지배자고 주인으로 행세하니까요. 백인이 흑백의 문제, 인종 문제를 제기한다면 상당히 안일한 관점에 그치고 맙니다. 백인들은 자신의 선량함과 도덕성을 내세우기 위해 "인종차별에 반대한다."고 말해 왔습니다. 그런 식의 도덕적 명제가 힘을 얻을 수 없는 것은, 프랑스 밖에서 폭력적인 식민지화가 버젓이 진행되고 있었기 때문입니다. 프랑스에 대항해 알제리 독립 전쟁이 일어났을 때 프랑스의 지식인들은 알제리의 독립을 지지하지 않았고 침묵했습니다.

도덕을 말하고, 인간을 말하면서 다른 한편으로 남의 땅을 정복해서 식민지로 만들고, 대량 학살과 고문, 강간, 인종차별을 자행했습니다. 알제리 독립 전쟁 기간 동안 100만 명의 알제리인들이 죽었고, 70만 명이 투옥되었습니다. 그런 식민주의적 폭력에 눈감고 가담하면서, 식민 정책을 유지하는 동시에 인종차별에 반대한다고 하는 것은 이율배반적입니다. 눈 가리고 아웅 하는 식이지요. 식민 정책은 그대로 유지하면서, 양심의 부담은 덜어 보겠다는 이중적인 태도입니다.

관계의 문제를 고민하는 것은 언제나 약자의 몫입니다. 어쩔 수 없습니다. 목마른 사람이 샘을 파는 것이니까요. 이렇게도 말할 수 있습

영화 「폭력에 관하여」. 프란츠 파농의 책 『대지의 저주받은 사람들』을 바탕으로 만든 스웨덴의 다큐멘터리다. 영화의 제목은 이 책의 소제목에서 따온 것이다. 식민지 지배 구조는 고문, 살인 등의 폭력을 기반으로 하고 있다는 것이 파농의 주장이다.

니다. 관계의 문제를 사유할 수 있는 힘도 역시 약자에게 있다고. 이게 약자가 가진 힘입니다. 강자는 약자에 대해 무지하지만, 약자는 강자와의 권력관계, 강자의 입장만을 대변하는 생각에 의문을 품고 질문하고 분석할 수 있습니다.

　내 최후의 기도는 이것이다:
　오 나의 몸이여, 내가 언제나 질문하는 사람이 되게 하기를!

『검은 피부, 하얀 가면』의 마지막 문장입니다. 파농은 신에게 기도하지 않습니다. 그는 자기의 몸에서 벌어지는 의문과 혼란을 기꺼이 받아들입니다. 그리고 자신의 '검은 피부'를 통해 언제나 질문하는 사람이 되기를 원합니다. 서구 백인 지배자의 시선 속에서 늘 검둥이로 환원되는 그의 검은 몸. 온갖 악과 추함과 열등함의 대명사로 여겨지는 검은색. 서구 백인 문명 아래서 억압당하고 조각나고 움츠러들고 분열되는 흑인의 몸. 파농은 그런 자신의 몸에서 벌어지는 혼란과 분열을 사유의 대상으로 삼았습니다.

프란츠 파농은 백인 세계에 편입하려고 하지 않았고, 또 검둥이 문명을 되살리는 데 집착하지도 않았습니다. 대신 백인 세계에서 모욕당하는 검둥이의 고통을 마주하면서 나아갔습니다. 그게 파농이 말하는 자유입니다. 자유란 밖에서 주어지지 않습니다. 프란츠 파농에게 사유의 시작은 자기 자신의 몸이었고, 그리고 자유의 시작 역시 자기자신의 몸입니다.

파농은 서른여섯 해라는 짧은 생을 살았습니다. 『검은 피부, 하얀 가면』을 쓴 뒤 파농은 북아프리카의 알제리에서 정신과 의사로 일했습니다. 알제리 독립 전쟁이 일어나자 파농은 알제리의 편에서 싸웠습니다. 한때 자신의 '조국'이었던 프랑스 입장에서 보자면, 그는 반역자겠지요. 프랑스 시민권을 포기하고, 어찌 보면 남의 나라의 독립을 위해 싸웠던 파농은 국적이나 민족, 인종의 범주로 설명할 수 없는 사람입니다.

파농에게 자기 정체성은 하나의 고정된 자아를 찾는 것으로 완결되는 것이 아닙니다. 정체성의 혼란과 분열이 어느 순간 답을 찾고 끝나는 게 아니란 뜻입니다. 그것은 기존의 고정관념을 허무는 끝없는 싸움입니다. "내가 나아가는 길에서 나는 나를 끊임없이 창조한다." 니체를 연상시키는 구절이지요. 파농은 자신의 말처럼 자신의 몸과 세계와의 관계를 끊임없이 탐색했던 것입니다.

○

내 최후의 기도는 이것이다:

오 나의 몸이여,

내가 언제나 질문하는 사람이 되게 하기를!

○

배우는 것을 좋아하는 사람이
스승이다

—

플라톤 · 『소크라테스의 변론』

최진호

죽음조차 멈출 수 없는

지금 여러분과 저는 500여 명의 배심원들에게 둘러싸인 한 노인을 바라보고 있습니다. 아테네의 현인이자 철학자라 알려진 그는 지금 중대한 기로에 서 있습니다. 젊은이들을 타락시키고 아테네가 믿는 신을 믿지 않는다는 이유로, 동료 시민들이 그를 법정으로 불러냈기 때문입니다. 그는 동료 시민들과 배심원들에게 둘러싸여 자신의 무죄를 변론하고 있습니다. 그의 이름은 바로 소크라테스입니다.

『소크라테스의 변론』은 플라톤(Platon, 기원전 428?~기원전 347?)의 대화편의 하나로 소크라테스의 법정 진술이 그려져 있습니다. 예전에는 '소크라테스의 변명'으로 알려져 있었습니다. 그러나 헬라스어 'apologia'는 법정에서의 변론을 뜻하는 말입니다. 영어의 'apology'

가 뜻하는 사과나 사죄의 의미에 따라 변명으로 옮겨지기도 하지만 그 글은 무죄에 대한 변명보다는 무죄함에 대한 변론입니다. 따라서 '소크라테스의 변론'이 더 타당한 제목입니다. 이 법정 진술을 소크라테스가 직접 기록한 것은 아닙니다. 제자였던 플라톤이 소크라테스 사후에 문자화한 것이지요. 즉 스승과 제자 공동의 변론이자 탐구인 셈입니다. 글은 소크라테스 자신의 무죄 증명과 판결 이후의 고별 연설로 이루어져 있습니다.

그런데 이 노인의 변론에서 인상적인 것은 그가 보이는 태도의 일관성입니다. 그는 오랫동안 소피스테스적 앎을 비판해 왔습니다. 소피스테스는 수사나 기묘한 말장난을 통해 '거짓'을 '진실'로 보이게 하는 사람들이었습니다. 이들은 논리를 과장하거나 상대방의 '감정'과 '동정심'을 자극함으로써 논쟁에서 승리하거나 이익을 얻는 데 열중했습니다. 진실을 탐구하는 것이 아니라 상대를 설득해 자신이 원하는 방향으로 만들어 가는 기술, 즉 '수사'에 몰두했던 것이죠. 결과적으로 사람들에게 생각과 비판을 포기하도록 가르쳤습니다.

소크라테스도 삶과 죽음이 결정되는 재판장에서 이런 유혹을 받았을까요? 예를 들어 자신의 어린아이들을 재판장에 데리고 와서 사람들의 동정에 호소한다거나, 친구나 제자들을 동원해 재판장에서 무죄를 탄원할 수 있었을 것입니다. 그러나 그는 동정에 호소하지도, 불법적인 수단에 의존하지도 않았습니다. 오직 사람들의 사유와 이성적 판단을 믿고 자신의 무죄를 이야기합니다. '수사'가 아니라 '진실'에

소크라테스와 플라톤 플라톤은 스무 살 무렵에 소크라테스의 제자가 되었다. 플라톤은 대화 형식으로 된 대화편들을 남겼는데, 『소크라테스의 변론』도 그중 한 작품이다.

의거해 죽음에도 굴하지 않고 자신의 생각을 솔직하게 말합니다. 이런 솔직하게 말하기를 그리스에서는 '파르헤지아'(parrhesia)라고 합니다.

그런데 왜 소크라테스는 파르헤지아와 목숨을 바꾸었던 것일까요? 그가 소중한 생명을 바치면서까지 지키려 한 '파르헤지아'는 어떤 것이었을까요? 그는 법정에서 그리고 길거리에서 사람들에게 어떤 말을 건넸을까요? 소크라테스의 말과 행위가 갖는 의미를 알기 위해서 먼저 그가 델피의 신전에서 받은 신탁을 살펴보도록 합시다.

사건은 소크라테스의 친구이자 제자였던 카이레폰이 델피의 신, 즉 아폴론에게 신탁을 청하면서 시작됩니다. 신탁을 청할 질문은 '소크라테스보다 현명한 사람이 있는가?'였습니다. 이 질문에 대해 신전의 무녀는 소크라테스보다 더 현명한 사람은 없다는 신탁을 내립니다. 그런데 소크라테스는 자신이 아테네에서 가장 현명하다고 생각해 본 적이 없었기에 이 신탁을 믿을 수 없었습니다. 그러나 신의 말을 부정할 수도 없었습니다. 신은 거짓을 말하지 않기 때문입니다. 그렇다면 이 모순을 어떻게 받아들여야 할 것인가? 신이 거짓을 말할 이유가 없는데 사실과 다른 말을 한 이유는 무엇일까? 소크라테스는 신이 자신에게 무엇을 말하고자 했던 것일까를 고민하게 됩니다.

이런 의문들 속에서 소크라테스는 신의 본뜻을 알기 위해 아테네의 현인과 지자(知者)들을 찾아 나섭니다. 그가 그들을 찾아간 이유는 아주 간단합니다. 그 자신은 아무런 지혜도 없는 반면 그들은 무엇인가를 알고 있다고 말했기 때문입니다. 무지한 자신과 달리 그들은 알고 있으며 그로 인해 그보다도 현명하기 때문입니다. 현명한 그들을 직접 만나 자신의 마음속 의문을 실제로 증명해 냄으로써, 신의 오류를 드러내고 이를 통해 신이 거짓을 말한 참뜻을 찾아낼 수 있다고 생각했습니다.

그러나 신탁과 관련한 소크라테스의 여정은 신탁을 증명하는 것으로 끝나고 맙니다. 아테네를 샅샅이 돌며 그는 자신보다 더 지혜로운 자를 찾고자 했지만 찾을 수 없었습니다. 사람들이 인정하는 지혜로운 정치인도 있었고, 더 뛰어난 장인들도 있었지만 그들은 자신보다 더 지혜롭지 않았던 것입니다. 소크라테스는 어떤 근거로 자신이 그들보다 현명하다고 했던 것일까요?

이 사람보다 내가 더 현명하지. 그건 실은 우리 중에서 어느 쪽도 '훌륭하디 훌륭한 것'이라곤 아무것도 알지 못하는 것 같은데도, 이 사람은 자기가 실은 알지도 못하면서 대단한 걸 알고 있는 것으로 생각하고 있지만, 나야 사실상 내가 알지 못하듯, 알고 있다는 생각도 하지 않기 때문이지. 어쨌든 적어도 이 사람보다는 바로 이 사소한 한 가지 것으로 해서, 즉 내가 알지 못하는 것들은 내가 알고 있다고 생각하지도 않는다는 이 사실로 해서, 내가 더 현명한 것 같아.

자신이 알고 있는 것이 사실은 모르는 것이었음을 알기 때문에 자신이 더 현명하다는 것입니다. 반면 다른 사람들은 알고 있다고 착각함으로써 자신이 무지하다는 것조차 알지 못한다는 것입니다. 알고 있다고 생각했기에 알고 있는 것이 과연 맞는가, 그 근거는 무엇인가를 캐묻지 않았습니다. 앎의 근거에 대해 질문할 필요성을 깨닫지 못했기에 무지한 것조차 모르는 사람들이 되어 버린 것이죠. 의문과 의문에 대한 캐물음의 필요성을 깨닫지 못한 것이 무지의 근거였던 것입니다. 지혜로운 사람이라면 항상 자신이 알고 있는 것에 대해 회의하고 돌이켜 볼 수밖에 없습니다.

소크라테스는 증명의 과정을 통해서 신탁의 참뜻을 발견하게 됩니다. 즉 신은 "지혜와 관련해서는 자신이 진실로 전혀 보잘것없다는 사실을 깨달은 자가 가장 지혜로운 자이다."라고 말하고 싶었던 것입니다. 그는 신탁의 의미를 찾아가는 과정에서 '신을 도와' 사람들에게 무지를 자각하게 합니다. 그는 말 등 위의 '등에'처럼 사람들에게 달라붙어서 알고 있는 것에 대해 회의하도록 재촉했습니다. 이것이 소크라테스가 일생을 바쳐 한 일입니다.

그렇다면 그가 신을 도와서 사람들에게 무지를 자각하게 한 대가로 얻은 것은 무엇이었을까요? 사실 아무것도 없었습니다. 아니 있었습니다! 지독한 가난과 아내로부터의 타박이었지요. 그는 신의 말을 생각하고 따르느라 가정을 돌볼 겨를이 없었던 것입니다.

또 다른 하나는 사람들의 원망입니다. 사람들은 자신의 무지를 대면하게 되자 소크라테스에게 그 비난의 화살을 돌렸습니다. 자신이 말하고 행했던 것이 사실은 어떤 근거도 없는 것임을 알면 말문이 막히게 됩니다. 그리고 자신을 가리고 있던 가면, 즉 현자, 장인, 정치가 등과 같은 가면이 벗겨져 맨몸이 드러난 것 같은 느낌을 받습니다.

자신의 내면이 적나라하게 노출될 때, 사람들은 부끄러움을 느낍니다. 어떤 이들은 부끄러움 속에서 철저하게 반성하기도 하지만 대부분의 사람들은 자신을 부끄럽게 만든 사람에게 원망의 감정을 품습니다. 그가 자신에게 진실을 알려 주었다고 생각하기보다는 모욕을 주었다고 느끼기 때문입니다. 진실을 대면하기보다는 자신에게 모욕을 준 어떤 '대상'을 찾아내는 것이 쉽습니다. 모욕을 준 상대를 원망할 때, 내가 대면해야 할 부끄러움은 사라진 것처럼 생각됩니다. 이런 착각 속에서 반성의 필요성이 사라집니다. 따라서 예전처럼 자신은 지혜롭다고 착각하며 살게 됩니다.

소크라테스는 이러한 착각에 대해 계속 질문하고 캐물음으로써 왜 이런 착각이 발생하는지를 드러냅니다. 이것이 바로 소크라테스의 '솔직하게 말하기(파르헤지아)'입니다. 소크라테스의 파르헤지아는 그리스 사람들에게 매우 위험하고 위협적인 것으로 여겨집니다. 자신의 무지를 받아들이는 것은 거대한 정치체제를 변화시키는 것만큼이나 어려운 일이기 때문입니다.

소크라테스는 이 캐물음으로 인해 사람들이 그를 증오할 수 있음을 알았지만 움츠러들지 않았습니다. 말 위의 등에처럼 온종일 어디에서고 사람들에게 달라붙어서 일깨우고 나무라기를 그만두지 않았던 것입니다. 이를 통해 그는 사람들에게 자신에게 달려 있는 것과 자신에게 달려 있지 않은 것을 구별하도록 했습니다. 돈을 벌거나 명예를 얻는 것은 외부의 조건과 결부되어 있습니다. 따라서 내 의도대로 돈을 벌거나 명예를 얻을 수는 없습니다. 그러나 나의 무지에 대한 자각은 나의 노력에 달려 있는 것입니다. 소크라테스는 아테네인들이 자신이 어찌할 수 없는 헛된 환상에 집착하는 대신, 자신의 무지를 대면함으로써 진정으로 자신을 배려하는 지혜를 갖기를 갈망했던 것입니다.

소크라테스가 변론에 참여한 것도 자신을 위해서가 아니었습니다.

「소크라테스의 죽음」 소크라테스는 죽음을 앞둔 순간에도 제자와 동료들에게 자신의 생각을 전하고 있다. 자크 루이 다비드의 1787년 작품.

그에게 죽음은 문제가 아니었습니다. 그러나 사람들은 그에게 유죄판결을 내립니다. 그의 죄목은 그가 아테네의 신이 아닌 새로운 신을 믿으며 젊은이들을 타락시킨다는 것이었습니다. 사람들은 그가 선물한 '진실'을 받아들일 수 없었던 것입니다. 진실을 필사적으로 거부하는 의지! 이 대목을 읽으면 안타까움이 느껴집니다. 사람은 왜 자유를 지향하지 않고 왜 어둠과 부자유를 지향할까요? 무지를 대면하는 순간에 찾아오는 부끄러움과 침묵을 받아들이고 자유로워지기 위해 노력하는 대신, 왜 원망의 대상을 찾아내고 현실에 안주하게 될까요?

누구의 스승으로 자임하지도, 그리고 가르침에 대한 어떤 대가도 요구하지 않았던 소크라테스는 사람들에게 진실을 대면하게 한 결과, 결국 유죄판결을 받습니다. 그 유죄판결 이후 소크라테스는 죄를 인정하고 조용히 살아간다면 추방형에 그칠 것이라는 제안을 받습니다. 그러나 그는 질문하고 회의하지 않는 삶을 살라는 요구를 거부하고 죽음을 담담히 받아들입니다. 그에게는 캐묻지 않는 삶이 죽음보다도 더 어려운 것이었기 때문입니다. 그는 죽음이 선고된 후에도 지치지 않고, 겁 많고 나약한 존재들에게 끊임없이 질문하고 타이르며 가르치기를 멈추지 않았습니다.

아테네 시민 여러분, 나는 여러분들에게 감사하고 깊은 애정을 가지고 있지만 여러분들을 따르기보다는 오히려 신을 따르겠으며 또 목숨이 다할 때까지 그리고 힘닿는 데까지 철학하기를 중단하지 않을 것이고 내가 언제 누구를 만나든지 여러분을 타이르고 가르치기를 결코 중단하지 않을 것입니다.

너 자신을 배려하라,
너 자신을 알라!

소크라테스는 '자기를 아는 것'이 '자기를 배려하는 것'이라고 이야기합니다. 삶에 대한 배려는 자신의 삶을 하나의 예술 작품으로 만들어 가는 것이라 할 수 있습니다. 육체뿐만 아니라, 정신, 지식이나 생각을 마치 예술 작품처럼 다듬어 가기 위해서는 세심한 지혜가 요구됩니다. 예를 들어 내가 옳거나 당연하게 생각하고 행동했던 것들이 사실은 '무반성적'인 것이 아니었는지를 되돌아보는 것이지요. 이렇게 되돌아보면서 '자기 인식' 혹은 자신에 대한 앎을 얻을 수 있습니다. 자기 인식은 내가 알고 있던 기존의 지식 체계가 깨질 때 발생합니다. 습관대로 생각하지 않고, 익숙한 것을 낯설게 보기 위해서는 기존의 생각의 틀이 깨져야 하는 것이죠. 생각의 근거라고 여겼던 것들이 사실은 근거 없음을 알아야, 즉 우리의 사유를 구성하는 논리가 사실은 근거 없음을 깨달아야, 비로소 자신의 무지를 자각하게 됩니다.

이것을 실제로 행하는 것은 쉽지 않습니다. 우리는 늘 익숙한 대로, 알고 있는 대로, 생각하고 이야기합니다. 자신의 생각이 깨어지고 '근거의 근거 없음'에 직면하면 우리의 존재는 흔들립니다. 그런데 이 흔들림, 이 불안을 대면하기보다는 편안한 것, 익숙한 것에 쉽게 몸을 의탁하려 합니다. 불안을 가슴속에 품고 살아가거나, 불안을 놀이처럼 다루지 않는 한 우리는 무지한 상태를 벗어날 수 없습니다. 불안을 만들어 내는 상황에 대면하지 않기 위해 필사적으로 자신에게 무감각해집니다.

소크라테스는 이렇게 무감각한 존재들에게 구멍을 뚫는 작업을 합니다. 계속해서 말을 걸고 그들을 생각하게 함으로써 사고의 통로를 뚫습니다. 자신의 무지를 자각하지 못한 채, 자신이 정치, 철학, 기예 등을 알고 있다고 착각하는 사람들에게 말을 걸고 당혹스럽게 함으로써 그들을 생각하게 만들었던 것입니다. 이렇게 그들이 무지를 대면할 통로를 만들어 가는 것이지요. 자신의 무지를 자각하고 이 자각 속에서 불안을 받아들일 때, 불안은 고통이 아니라 앎의 환희로 연결되는 통로가 됩니다. 더 이상 꽉 막힌 존재가 아니라 어떤 기쁨을 향유하는 존재가 되는 것입니다.

알키비아데스의 예를 통해 살펴보겠습니다. 이야기는 길을 가는 알키비아데스에게 소크라테스가 말을 걸면서 시작됩니다. 알키비아데스는 이제 소년기를 벗어나 성인이 될 시기에 와 있습니다. 아름다운 용모와 뛰어난 머리로 인해 인기 많았던 소년이었습니다. 아테네의 유력한 정치인인 페리클레스의 후원을 받고 있었으며, 집 또한 부유했습니다. 그리고 이런 배경을 바탕으로 이제 곧 정치라는 공적인 장에 나설 예정이었습니다.

그런데 알키비아데스가 한창 인기를 누리고 대중의 관심의 대상일 때는 관심조차 보이지 않던 소크라테스는 그가 소년기를 벗어나 성인으로서 정치에 입문하려 하자 그에게 접근합니다. 어떤 이유에서 일까요? 소크라테스의 말에 의하면 신이 그로 하여금 알키비아데스에게 다가갈 것을 명령했다고 합니다. 즉 소크라테스가 '파르헤지아'를 실천하는 것은 소년이 성년이 되어 정치의 장에 나아가는 순간이었습니다. 소크라테스가 상대에게 무지를 자각하게 하는 것은 '특정한 시간'과 관련되어

있습니다. 소년이 자라나 타인과의 관계를 고민하는 순간에 무지에 대한 교육이 시작된 것입니다.

알키비아데스에게 던진 질문은 '정치란 무엇인가?'입니다. 이 물음에 알키비아데스는 공동체와 시민들 사이의 생각을 일치시키는 앎이라고 대답합니다. 생각이 일치하기 위해서, 그리고 서로의 생각을 공유하기 위해서는 공동체 구성원들 사이에 우정의 관계가 형성되어야만 합니다. 왜냐하면 상대의 생각을 좋아해야만 생각의 공유가 가능하기 때문입니다. 그리고 정치란 이런 '좋아함'(philia), 즉 우정을 만들어 냄으로써 생각의 일치를 만들어 내는 기술이었던 것입니다. 우정이 있어야만 생각의 일치가 가능하다고 본 것이지요.

그런데 노예와 주인뿐만 아니라 남성과 여성의 일조차 엄격히 구분되던 고대 아테네 사회에서 남성은 여성의 일을, 여성은 남성의 일을 이해할 수 없었으며 당연히 좋아할 수도 없었습니다. 왜냐하면 서로 하는 일이 달랐기에 남성은 여성을, 여성은 남성을 온전히 이해할 수 없으며 따라서 좋아할 수도 없다고 보았습니다. 결과적으로 남성과 여성 사이의 생각의 일치는 불가능하다고 소크라테스는 지적합니다.

이 사례를 확장해 보면 사람들이 자신이 맡은 바를 행하는 경우 사람들 사이의 생각의 일치는 불가능하다는 결론에 이르게 됩니다. 서로가 하는 일이 다 다르기에 서로를 이해할 수도 없으며, 이해할 수 없기에 우정이나 동료 의식도 생겨나지 않으며 생각의 일치 또한 불가능합니다. 소크라테스의 계속되는 질문 앞에 알키비아데스는 정치와 통치를 말하면서도 정작 그것이 무엇을 의미하는지 모르고 있었음을 자각하게 됩니다.

결국 알키비아데스는 자신의 무지를 고백하게 되는데 소크라테스의 위로 방법이 매우 흥미롭습니다. 소크라테스는 알키비아데스가 자신의 현재 상태를 자각했기에 자신과 자신의 앎을 개선할 수 있으며 자신을 배려할 충분한 시간 또한 있다고 말합니다. 통치술을 이야기할 때조차, 출발점은 자신에 대한 배려와 연관되어 있습니다.

그렇다면 알키비아데스가 배려해야 할 '자기'란 어떤 것일까요? 소크라테스가 말한 '자기'는 바로 '영혼'입니다. 예를 들어 우리가 무엇인가를 조작할 때 손을 사용하는데 이 손을 사용하는 주체가 있지요. 무엇인가를 바라볼 때 눈을 사용하는데 눈을 사용하는 주체가 있는 것처럼 말입니다. 신체를 사용할 때 신체를 사용하는 주체가 있다는 것입니다. 그러면 신체를 사용하는 주체는 무엇일까요? 소크라테스는 영혼이라고 본 것입니다. 따라서 알키비아데스가 배려해야 할 것은 자신의 육체가 아니라 영혼입니다.

다른 사람을 통치할 때조차도 가장 필요한 것은 자신의 영혼을 배려하는 것입니다. 자신의 영혼을 배려하는 사람은 자신의 통치 행위를 끊임없이 반성하게 됩니다. 이는 다시 자신의 영혼에 대한 배려로 향하게 됩니다. 이렇게 영혼의 훌륭한 것을 계속 들여다보는 것, 즉 자신에 대한 무지를 자각하고 이를 수정해 감으로써 우리는 차원 높

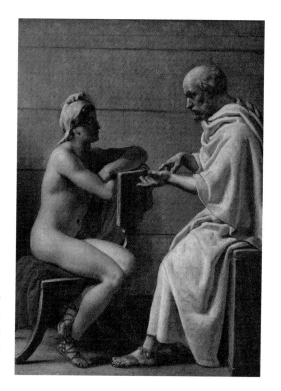

「소크라테스와 알키비아데스」 스
승과 제자인 소크라테스와 알키
비아데스의 관계를 그림으로 담
아냈다. C. W. 에케르스베르크의
1813~1816년 작품.

은 삶을 알게 됩니다. 따라서 자신에 대한 인식은 다른 차원, 다른 삶
에 대한 인식의 출발점입니다. 그리고 이 다른 세계에 대한 인식을 통
해 자신에 대한 새로운 인식 또한 가능하게 됩니다.

　그런데 알키비아데스와 소크라테스의 관계에서 보이듯 알키비아
데스 혼자서는 자신의 무지를 자각할 수 없었습니다. 자신이 알고 있
다고 생각하는 사람은 반성적으로 생각할 수 없으며 스스로의 틀을
깨기가 쉽지 않기 때문입니다.

소크라테스는 알키비아데스에게 통치나 자기 배려에 대한 지식을 전수하지 않았습니다. 대신 알키비아데스의 답변으로부터 계속 질문거리를 끄집어냈을 뿐입니다. 답변과 질문의 연쇄 고리 속에서 알키비아데스 스스로가 자기를 배려하게 했습니다. 즉 그는 알키비아데스를 자신만의 무지의 방에 내버려 두지도 않았지만, 동시에 영혼을 배려하는 것이 무엇인가를 일방적으로 가르치지도 않았습니다. 가르치지도 않았음에도 알키비아데스가 자기 배려를 배우게 된 이 기묘한 관계를 어떻게 이해해야 할까요?

이 의문에 대한 답은 소크라테스의 '질문'에 있습니다. 소크라테스는 알키비아데스의 응답에서 자신이 알고 있는 것과 모르는 것을 나누고 모르는 것을 다시 알키비아데스에게 질문했습니다. 질문의 연쇄 고리야말로 소크라테스가 계속해서 문제를 탐구하고 있으며 자신의 무지를 대면하고 있음을 보여 주는 증거입니다. 즉 소크라테스가 스승이 되는 과정은 알키비아데스를 서서히 변화시켜 가는 지난한 과정 속에서 이루어집니다. 모르고 있음에도 알고 있다고 착각하는 이 청년에게 계속 말을 건네면서 청년이 가진 편견의 껍질을 하나하나 떼어 내는 작업을 해 나갑니다.

동시에 소크라테스 또한 질문의 과정 속에서 자신의 의문점을 해소해 나갔습니다. 소크라테스 역시 알키비아데스의 답변을 사색하면서 계속 배웠던 것입니다. 알키비아데스만이 배움의 길로 인도된 것이 아니라 소크라테스 자신도 그 길 위에 서게 되었습니다. 그는 배우는 과정에서 알키비아데스의 스승이 되었습니다. 즉 스승이라는 존재로 변신해 갑니다. 생각해 볼까요? 스승이 '되어' 가는 존재와 무지를 탈피해 가는 존재의 마주침의 현장을. 소크라테스의 변신을 대면하면서 알키비아데스는 아는 것은 새로운 존재로 변신하는 것임을 새삼 느끼지 않았을까요?

프랑스 철학자 푸코는 진실에 접근하기 위해 주체가 자신을 변화시켜 가는 탐구나 실천을 '영성'(spritualité)이라고 불렀습니다. 진실에 다가가는 것은 한 주체가 자신을 변화시켜 가기 위한 실천을 의미합니다. 따라서 진실에 접근하기 위해 의식의 정화, 자기 수련, 시선의 재정립, 생활의 변화 등이 필요했습니다.

지금 우리에게 영성은 초월적인 신에 대한 믿음으로 받아들여지고 있지만, 고대 그리스 사회에서 영성은 한 주체가 앎을 통해서 자신을 변화시켜 가는 동시에 이 변화를 통해 새로운 앎을 탐색하는 것이었습니다. 즉 고대 그리스 사회에서는 진실에 접근하기 위한 존재의 변화를 당연하게 여겼습니다. 자기 배려가 일반화된 문화에서 살아가는 사람들은 무지에 대한 자각을 끊임없이 요구받았습니다. 왜냐하면 이 자각 혹은 깨달음이 삶을 예술 작품처럼 조탁하는 하나의 방법이었기 때문입니다. 따라서 자기를 배려하는 사람은 늘 자신에 대해, 그리고 타자에 대해 배울 수밖에 없는 사람이었습니다.

아포리아,
길 없는 길과 대면하라!

소크라테스를 주인공으로 내세운
플라톤의 초기 대화편을 읽어 보면 소크라테스가 사람들에게 계속
질문을 합니다. 소크라테스는 정말 진지하게 자신의 궁금증을 드러내
지요.

소크라테스는 자신이 모든 것을 다 알고 있는 것처럼 말하지 않습
니다. 사실 모든 것을 안다고 여기는 사람은 무지함을 알지 못하게 됩
니다. 그런데 신이 아닌 이상 모든 상황을 아는 사람은 없습니다. 그럼
에도 인간은 지혜를 사랑할 수 있습니다. 이런 지혜에 대한 사랑
(philia+sophia)을 '철학'(philosophy)이라고 부릅니다. 철학자란 지혜
를 소유한 사람이 아니라 지혜를 '사랑'하는 사람입니다. 우리는 절대
적 지혜를 갖지 못하기에 지혜를 늘 갖고 있을 수는 없습니다. 그 대

신 지혜에 다가가거나 지혜를 가까이 다가오게 할 수 있습니다. 무지를 자각한 사람은 질문할 수 있으며 질문할 때가 바로 지혜가 다가오는 순간인 것입니다. 그래서 소크라테스는 알키비아데스에게 지혜로운 자는 "뭔가를 아는 사람이면서 가장 좋은 것에 대한 앎이 그의 곁을 쫓아다니는 사람"이라고 말한 것입니다.

우리는 종종 앎을 소유할 수 있다고 착각합니다. 그래서 안다는 것은 지식이 늘어나거나 논리적으로 정교해지는 것이라 생각합니다. 뭔가를 아는 사람은 그렇지 않은 사람보다 더 많은 것을 쌓은 것처럼 착각하는 것이죠. 그리고 부자가 가난한 이를 멸시하듯 앎을 소유한 사람은 그렇지 못한 사람을 차별합니다. 이때 아는 자와 모르는 자, 가르치는 자와 배우는 자 사이에 위계와 권력 관계가 만들어질 수 있습니다. 앎의 위계 속에서 배우는 사람은 상대적으로 열등한 존재로 자리매김하게 됩니다.

소크라테스는 아는 사람은 "가장 좋은 것에 대한 앎이 그의 곁을 쫓아다니는 사람"이라고 말했지요? 앎을 소유하는 것이 아니라 앎을 우리 곁으로 오게 하라는 뜻입니다. 앎은 내 머리의 보이지 않는 저장고에 잔뜩 쌓아 놓고 가난한 자들에게 적선하듯 던져 주는 것이 아닙니다. 오히려 무지가 앎을 만들어 낸다는 사실을 고려해 본다면, 앎은 축적할 수 있는 것이 아님을 알게 됩니다.

그렇다면 앎이 우리 곁을 쫓아다니게 하려면 어떻게 해야 할까요? 자신이 알고 있다고 생각하는 것을 늘 점검하고 되새김질해야 합니다. 알고 있다고 여기는 것이 사실은 모르는 것임을 자각하지 못하는 한, 앎은 우리에게서 떨어져 있기 때문입니다. 동시에 앎이 만들어지는 '현장'을 만들어 내야 합니다. 알키비아데스와 소크라테스의 예처럼 자신의 무지를 홀로 자각하기가 쉽지 않기 때문입니다.

소크라테스는 앎이 생성되는 현장을 '문답법'을 통해서 만들어 갑니다. 문답법을 통해 앎의 씨를 뿌리는 것입니다. 이때 앎의 씨앗은 대화의 상대가 알고 있는 바의 근거들을 다시 파고 들어가는 것입니다. 상대방의 말을 경청하고 그 의미를 진지하게 검토하며 어린 학생처럼 질문하는 것이지요. 그는 'A(정의, 조화, 에로스 등)란 무엇입니까?'라고 묻고서 상대방의 답변을 경청합니다. 그리고 상대의 답변을 통해 A의 의미를 조금 더 명료화하려고 합니다. 그리고 다시 그 답변에서 애매한 점에 대해 질문하면서 다시 A의 의미를 향해 앞으로 나갑니다.

예를 들어 『메논』에서 소크라테스는 메논에게 '탁월함'(aretē)에 대해 질문합니다. 탁월함 자체와 여러 가지 탁월함을 구별할 수 없었던 메논은 결국 자신의 무지를 인정하게 됩니다. 메논은 소크라테스와의 문답 과정에서 난관에 빠집니다. 전기가오리에 닿은 듯 "영혼도 입도 다 마비되어" "그에게 대답을 해야 할지 모르게" 되는 상황에 직면하게 된다고 고백합니다. 전과 달리 "그것이 무엇인지 전적으로 말할 수 없게"된 것이죠. 무지에 대한 메논의 고백이었습니다. 마치 막다른 골목에 다다른 느낌이 든 것입니다. 이러한 상태를 '아포리아'(aporia)

라고 부릅니다. '아포리아는 '길이 없다.'는 뜻입니다. 메논은 아포리아 즉 막다른 골목까지 밀고 간 소크라테스에 대한 경외심을 드러냅니다. 메논은 자신의 무지를 받아들임으로써 오만했던 자기를 끝없는 벽 아래로 던져 버리게 됩니다. 이때 무지를 자각하지 못했던 존재는 사라지고 무지를 자각하는 존재로 변신할 돌파구가 만들어지는 것입니다.

그렇다면 상대를 막다른 골목, 길 없는 길로 몰고 갈 때 소크라테스는 어떤 상황일까요? 그 역시 혼돈과 당혹을 함께 경험합니다.

나는 말일세, 전기가오리 자체가 그렇게 마비되어 있으면서 다른 것들을 마비시키는 것이라면, 물론 그것과 비슷하네. 그러나 그게 아니라면 비슷하지 않네. 왜냐하면 나 자신은 난관을 벗어날 길을 알면서 다른 사람들을 난관에 빠뜨리는 것이 아니라, 그 누구보다도 나 자신이 난관에 빠져 있으면서 다른 사람들 역시 그렇게 난관에 빠뜨리기 때문이네. 지금도 탁월함에 관해서는 그것이 무엇인지 난 알지 못하네. 하지만 자넨 아마도 나와 접촉하기 전에 이미 알았다고 하더라도 지금은 알지 못하는 자와 흡사하네. 그럼에도 불구하고 난 그것이 도대체 무엇인지를 자네와 함께 고찰하고 탐구하길 바라네.

— 플라톤, 『메논』

소크라테스 자신도 이 '길 없는 길'에 빠져 있다고 고백합니다. 그도 메논처럼 난관에 빠져 있는 것은 마찬가지이기 때문입니다. 그 역시 이 길을 벗어날 다른 방도를 알고 있는 것은 아니었습니다. 문제로부터 어떤 초월적이고 객관적인 위치에 서서 상대를 시험하듯이 하는 질문이 아니라, 그의 질문 역시 그가 처한 아포리아를 '그대로' 드러내고 있었던 것입니다.

즉 소크라테스와 메논, 질문하는 자와 질문받는 자 모두 공통의 아포리아에 대면하고 있습니다. 소크라테스는 이 문제를 함께 고찰하고 탐구해 나갈 것을 요청합니다. 혼자만의 고독한 탐구로는 이 난관을 벗어날 수 없기 때문입니다. 아포리아에 빠진 이들은 탐구라는 앎의 공동체를 만들어 가야 합니다. 무지의 자각에서 나온 질문과, 이 질문에 대한 응답, 그리고 또 다른 질문이라는 과정의 반복 속에서 공통의 난제를 하나씩 함께 해결해 나가는 것입니다. 여기에서 우리는 가르치는 자와 배우는 자로 나누어지지 않는 스승과 제자의 관계를 엿볼 수 있습니다.

스승은 배우는 사람이다!

방금 전에 어느 분께서 비노바는 '선생님'이라는 말씀을 하셨습니다. 그 말은 어느 정도는 맞습니다. 그러나 저 자신은 학생이라 불렸으면 훨씬 더 좋겠습니다. 천성적으로 저는 학생입니다. 저는 공부하기 위해 외부로부터 어떤 자극을 받을 필요를 느낀 적이 없습니다. 제 인생의 훨씬 많은 부분을 다른 일보다는 실용적인 일을 하는 데 보냈지만, 그럼에도 불구하고 저는 저의 지력이 늘 그 총기를 유지하고 있다는 것을 느낍니다. (…) 우리가 가르치는 학생들의 머리에 정보를 가득 채우는 것이 아니라, 오히려 앎에 대한 갈증을 불러일으키고 또 그들이 스스로 그것을 터득할 수 있는 능력을 계발시키도록 하는 것이 우리의 일입니다. 선생과 학생은 만나는 과정에서 서로를 배웁니다. 학생과 교사가 모두 학생인 것입니다.

— 비노바 바베, 『삶으로 배우고 사랑으로 가르치라』

비노바 바베는 인도의 영적인 스승이자 교육가였습니다. 그는 가르치는 자와 배우는 자가 나뉜 형식 속에서 가르치는 사람은 배우는 이에게 앎을 전달할 수 있을까 묻습니다. 앞에서 보았듯이 소크라테스는 사람들에게 지식을 전달하는 대신 계속 질문을 했을 뿐입니다. 자신이 모르는 것과 아는 것을 구별하고 계속 물었던 것이죠. 어쩌면 소크라테스가 전하고 싶었던 것은 이런 질문을 할 때의 느낌과 관련되어 있을지 모릅니다. 알고 있던 것이 사실은 모르는 것이었음을 자각할 때 오는 당혹감, 그 순간 찾아오는 해방감과 자유로움을 소크라테스는 공유하고 싶었던 것입니다. 따라서 소크라테스에게 무지는 앎만큼 중요한 것입니다.

비노바 바베도 소크라테스처럼 앎에 대한 예찬과 무지에 대한 예찬을 동시에 노래했습니다. 이때 스승은 가르치는 사람이 아니라 상대의 '앎에 대한 갈증'을 촉발시키는 사람입니다. 배우는 사람의 기쁨이 드러날 때 옆에 있던 사람들은 그 기쁨에 전염되는 것이죠. 이런 의미에서 비노바 바베에게 가르치는 선생님과 배우는 학생은 구별되지 않습니다. 오직 촉발 속에서 모두가 학생인 것입니다.

소크라테스도 자신을 누군가의 스승이라고 말하지 않았습니다. 그 자신이 누군가에게 가르쳐 줄 것이 없는 사람이라고 생각했기 때문

「아테네 학당」(부분) 라파엘로의 그림 「아테네 학당」 중에서 소크라테스가 사람들에게 무언가를 이야기하는 장면이다.

인지도 모르겠습니다. 그럼에도 아테네의 많은 젊은이들은 그를 따르며 그의 사유에 촉발을 받았습니다. 소크라테스는 자신의 말을 듣고자 하는 사람이 찾아오면 청년이든 노인이든 거부하지 않았습니다. 가르침의 대가를 받는 것도 아니어서 부자든 빈민이든 누구든지 그에게 묻고 대답을 들을 수 있었습니다. 이들은 그의 곁에서 그의 대화를 경청했으며 앎의 기쁨을 함께 공유했습니다.

소크라테스는 인정하지 않았지만 그는 스승인지도 모른 채 누군가의 스승이 되었습니다. 가르침에 무지한 스승! 혹은 가르치지 않은 스승이란 역설 속에 그는 위치합니다. 역설은 그리스어로 'paradoxa'라고 하는데 이 말은 '신념'(doxa)과 '넘어섬'(para)이 결합된 말입니다. 즉 역설은 내가 가지고 있는 어떤 믿음 혹은 신념을 넘어섬을 의미했던 것입니다. 말하자면 소크라테스는 자신의 믿음에 계속 질문함으로써 역설적인 삶을 살았으며 동시에 가르치지 않으면서도 누군가의 스승이 되었습니다.

이런 역설적 스승에게 요구되는 제1 덕목이 앞서 말한 파르헤지아 즉, 솔직하게 말하기일 것입니다. 소크라테스는 알키비아데스나 메논에게 자신의 무지를 그대로 고백합니다. 그들의 환심을 사기 위해서 아첨을 하지도 않으며, 자신이 모르면서 아는 것처럼 꾸며서 말하지도 않습니다. 아첨과 수사학은 함께 탐구하는 과정, 즉 '탐구의 공동체'를 만들어 낼 수 없습니다. 오히려 상대를 무기력과 맹목의 상태에 빠지게 할 뿐입니다.

소크라테스는 자신의 말을 듣는 친구들이 아첨이나 그럴듯한 말에 의존하지 않기를 바랐습니다. 그는 그들이 소크라테스 자신의 말을 따르는 것조차 경계했습니다. 자유나 해방감은 밖에서 오는 것이 아니기 때문입니다. 그것은 함께 탐구할 때 가능합니다. 사실 아는 사람은 탐구할 필요가 없습니다. 동시에 알지 못하는 사람 역시 무지의 상태에 빠져 있기에 탐구할 수 없습니다. 탐구의 행위는 무지와 앎 사이에 있습니다. 즉 무지를 자각하는 순간에 탐구가 시작됩니다. 이를 위해 소크라테스는 자신의 무지를 드러냅니다. 그리고 타자의 무지와 만나게 됩니다. 이 속에서 무지한 자들의 공동체가 만들어지는 것입니다.

이 공동체는 역설의 공동체입니다. 가르치는 자가 사실은 배우는 자입니다. 스승＝학인인 셈입니다. 소크라테스는 좀 더 잘 배우거나 늘 배우는 자리에 서 있었습니다. 이것은 그의 계속되는 질문으로 드러납니다. 계속되는 그의 질문은 무지한 상대를 곤경에 빠트리기 위한 고도의 술책이 아닙니다. 상대의 답변에서 이해할 수 없었던 것에 대한 솔직한 고백이었습니다. 자신의 무지를 드러내고 이를 다시 함께 탐구해 나가는 과정을 계속해 나갔지요. 그는 모든 이들의 스승이 된 것이 아니라 모든 사람들을 스승으로 삼았던 것입니다. 즉 그는 아테네인들 중에서 가장 잘 배우는 사람이었기에 가장 현명한 사람이었습니다. 그는 아테네인들과의 공동의 탐구 과정에서 자신의 존재를 닦아 갈 수 있었습니다.

이런 의미에서 그는 자기를 가장 잘 배려했으며 이 힘을 통해 자기의 길을 만들어 간 사람입니다. 말하자면 앎이 자신에게 늘 따라붙도록 하기 위해 다른 사람들과 공동의 탐구 작업을 끊임없이 해 나갔다고 할 수 있습니다.

타인과 함께 탐구하기 위해서 우리는 타인의 느낌과 생각에 민감해야 합니다. 다른 사람이 무엇을 말하는지를 잘 경청하는 동시에 자신이 이해하는 것과 모르는 것을 분별해 내고 이를 다시 상대에게 질문할 수 있어야 합니다. 타인에게서 시작된 의문에서 자신의 무지를 자각하고 다시 타인에게 질문하기 위해서는 의식과 느낌에 대한 세심한 관찰이 필수적입니다. 따라서 세심하게 관찰할 수 있는 존재만이 타인을 촉발해 공통의 탐구의 과정으로 끌고 들어올 수 있습니다. 이렇게 촉발할 수 있는 사람을 우리는 스승이라고 부릅니다. 물론 잘 촉발하는 사람은 잘 촉발받는 사람입니다. 스승은 타인에게 앎을 전달하는 것이 아니라, 그의 앎에 대한 갈증을 자극하는 사람입니다.

소크라테스는 통념적인 스승-제자의 관계를 대신해, 대화를 통한 상호 촉발의 관계를 보여 줍니다. 그는 누군가를 가르치는 순간에도 가장 잘 배우는 사람이었습니다. 즉 가장 잘 배우는 사람이 됨으로써 상대의 배움에 대한 갈망을 자극하고자 했습니다. 소크라테스는 가르치는 사람이 아니라 가장 잘 배우는 사람이며, 배움을 통해 다른 이에게도 배움이 일어나게 만드는 사람이었습니다.

⊙

이 사람보다 내가 더 현명하지.

그건 실은 우리 중에서 어느 쪽도

'훌륭하디 훌륭한 것'이라곤

아무것도 알지 못하는 것 같은데도,

이 사람은 자기가 실은 알지도 못하면서

대단한 걸 알고 있는 것으로 생각하고 있지만,

나야 사실상 내가 알지 못하듯,

알고 있다는 생각도 하지 않기 때문이지.

어쨌든 적어도 이 사람보다는

바로 이 사소한 한 가지 것으로 해서,

즉 내가 알지 못하는 것들은 내가 알고 있다고

생각하지도 않는다는 이 사실로 해서,

내가 더 현명한 것 같아.

⊙

●

고전 및 인용문 출처와 더 읽을거리

●

저자 소개

고전 및 인용문 출처와 더 읽을거리

● 「학교에는 희망이 없다」(허성학)에서 함께 읽은

『학교 없는 사회Deschooling Society』는 우리나라에 심성보 번역본(미토)과 박홍규 번역본(생각의나무)이 있습니다. 「학교에는 희망이 없다」에서는 두 번역본을 모두 참조해서 인용문을 실었습니다. 잘 읽히도록 인용문을 일부 수정한 부분이 있습니다. 『학교 없는 사회』 이외에도 일리치가 설립했던 국제문화자료센터에 관해 『이반 일리히—소박한 자율의 삶』(박홍규 지음. 텍스트)을 참고했습니다.

이반 일리치의 책들은 팸플릿이라 불릴 정도로 얇은 소책자가 대부분입니다. 일리치는 학문적으로 정교한 글보다는 논의를 불러일으키는 글을 쓰고 싶어 했기 때문입니다. 『학교 없는 사회』도 본문이 200여 쪽이 안 되는 얇은 책입니다. 그러나 생각처럼 쉽게 읽히진 않습니다. 내용도 딱딱하고 함축적인 데다 일리치가 든 예들도 그 당시의 상황을 바탕으로 했기 때문에 그렇습니다. 그러나 누구보다 근원적으로 묻고 비판할 줄 알았던 이반 일리치의 문제 제기만큼은 충분히 느낄 수 있습니다. 『학교 없는 사회』를 읽어 보려 한다면 가장 최근에 번역된 박홍규 번역본을 권합니다.

● 「스스로 생각하고 말할 수 있어야 한다」(노규호)에서 함께 읽은

『신학정치론Tractatus Theologico-Politicus』은 1670년 얀 리우어르스가 암스테르담에서 출판했습니다. 당시에는 "함부르크에서, 하인리히 퀸라트가 발행"이라고 출판사와 출판 장소를 사실과 다르게 표기했습니다. 신변의 안전을 고려하여 의도적으로 출판사와 출판 장소를 거짓으로 썼던 것입니다.

인용문은 『신학정치론/정치학논고』(최형익 옮김. 비르투), 『에티카』(황태연 옮김. 비홍출판사), 『철학을 도발한 철학자 스피노자』(스티븐 내들러 지음. 김호경 옮김. 텍스트)에서 가져왔습니다. 그 밖에, 『스피노자와 정치』(에티엔 발리바르 지음. 진태원 옮김. 그린비)를 참고했습니다. 스피노자의 철학에 관심이 있는 사람에게는 『스피노자의 철학』(질 들뢰즈 지음. 박기순 옮김. 민음사), 『에티카, 자유와 긍정의 철학』(이수영 지음. 오월의 봄)을 추천합니다.

● 「나는 당신을 따라 괴물로 만들어졌습니다」(박정수)에서 함께 읽은

『프랑켄슈타인Frankenstein』은 1918년 익명으로 초판이 출판되었다가 1931년 3판에 와서 메리 셸리의 저서로 출판되었습니다. 공상과학적인 이야기가 중심인 초판에 낭만주의적 성격을 더하여 수정한 1931년 판본이 인물의 내면이나 주제 의식의 깊이에서 더 뛰어나다고 생각하여 이 판본을 텍스트로 삼았습니다.

인용문은 2000년에 출간된 펭귄 출판사의 시그넷 클래식(Signet Classic) 판을 번역한 『프랑켄슈타인』(이미선 옮김, 황금가지)에서 가져왔습니다.

소설 『프랑켄슈타인』의 문제의식을 더욱 분명하게 음미하려면 카렐 차페크의 희곡 「R.U.R: 로숨의 유니버설 로봇」과 리들리 스콧 감독의 영화 「블레이드 러너」를 보기 바랍니다.

● 「나의 몸이여, 내가 언제나 질문하는 사람이 되게 하기를!」(마지연)에서 함께 읽은

『검은 피부, 하얀 가면Peau noire, masques blancs』은 문학동네와 인간사랑에서 출간한 두 가지 번역본이 있습니다. 인용문은 문학동네(노서경 옮김)에서 출판된 것을 기준으로 했으며, 문장부호, 띄어쓰기 등 일부 수정했습니다. 프란츠 파농의 다른 책으로는 『알제리 혁명 기원 5년』(1959)과 『대지의 저주받은 사람들』(1961)이 있습니다. 프란츠 파농에 대해 더 알고 싶은 분들은 알리스 셰르키가 쓴 『프란츠 파농』(이세욱 옮김, 실천문학사)을 참고하시면 됩니다. 알리스 셰르키는 알제리에서 파농과 같은 병원에서 근무했던 동료 의사로, 이 책에서 프란츠 파농의 삶과 당시 알제리 독립 전쟁에 대해서 자세히 기술하고 있습니다.

● 「배우는 것을 좋아하는 사람이 스승이다」(최진호)에서 함께 읽은

『소크라테스의 변론』은 서광사(박종현 옮김)에서 출판된 번역본을 인용했습니다. 그 밖에 소크라테스와 관련된 인용문은 『알키비아데스』(김주일·정준영 옮김, 이제이북스), 『메논』(이상인 옮김, 이제이북스)에서 가져왔습니다. 마지막에 인용한 비노바 바베의 글은 『삶으로 배우고 사랑으로 가르치라』(김성오 옮김, 씨ᄋᆞᆯ평화)에서 가져왔습니다. 스승에 대한 소크라테스의 견해와 잘 어울린다고 생각했기 때문입니다.

배움을 좋아하는 소크라테스를 더 알고 싶다면, 앞에 제시한 책을 직접 큰 소리로 읽어 보기를 권합니다. 소크라테스처럼 연설하고 말하다 보면 어느새 자신이 소크라테스가 되어 있는 것을 느낄 수 있을 겁니다.

저자 소개

● 「학교에는 희망이 없다」를 쓴 허성학은

수유너머R에서 공부하며 지냅니다. 초등학교 이후로 학교에 다니지 않았습니다. 학교를 나와 학생의 신분을 벗어나니 '나'를 설명할 수 있는 말이 하나도 없음을 알게 되었습니다. 그 사실이 스스로 책을 읽고 공부하게 만든 계기가 되었습니다. 사회적 통념으로 쉽게 규정될 수 없는 것들을 좋아합니다. 모두가 함께 행복할 수 있는 방법을 공부하고 싶어 합니다.

● 「스스로 생각하고 말할 수 있어야 한다」를 쓴 노규호는

수유너머R에서 책을 읽고 글을 쓰며 지냅니다. 스피노자와 니체를 공부하고 있습니다. 노들 장애인 야학에서 문학가 루쉰의 글을 함께 읽고 있습니다. 쓴 책으로는 『너는 네가 되어야 한다』(공저)가 있습니다.

● 「나는 당신을 따라 괴물로 만들어졌습니다」를 쓴 박정수는

대학에서 문학을 전공하고 지금은 수유너머R에서 생활하고 있습니다. 그동안 쓴 책은 『현대소설과 환상』 『청소년을 위한 꿈의 해석』 『매이데이』가 있고, 번역한 책은 슬라보예 지젝의 『잃어버린 대의를 옹호하며』 외 4권이 있습니다. 책상에 오래 앉아 있지 못하는 성격이라 주로 움직이면서 공부합니다. 어떤 아이디어가 떠오르면 곧바로 실행하려는 습성이 있으며, 농사, 요리, 목공, 공공 미술, 마을 만들기에 관심이 많습니다.

● 「나의 몸이여, 내가 언제나 질문하는 사람이 되게 하기를!」를 쓴 마지연은

수유너머R에서 공부했습니다. 몇몇 현대 철학자들에 대해서 읽고 공부했지만, 역시 소설책 읽는 것을 좋아합니다. 사람들과 함께 읽고, 이야기하는 것을 좋아합니다. 가끔은 철학책이나 소설책 같은 것을 읽어서 뭐하나 싶을 때도 있었지만, 그래도 책은 역시 더 좋은 인간으로 만들고, 살아가게 하는 힘을 준다고 생각합니다.

● 「배우는 것을 좋아하는 사람이 스승이다」를 쓴 최진호는

수유너머문 연구원입니다. 루쉰과, 니체, 푸코와 같은 땅 냄새 나는 사상가들을 좋아합니다. 푸코의 『주체해석학』을 인연으로 친구들과 함께 그리스 로마 철학을 공부하고 이 글을 쓰게 되었습니다. 최근에는 루쉰에 관련한 글을 준비 중입니다.

● 이 책을 기획하고 진행한 최은실은

이곳저곳 기웃거리며 사람들을 만나고 이야기를 궁리합니다. 세상 모든 것에는 이야기가 있고 그것이 우리가 소통할 수 있는 이유라고 믿습니다.

●

생각이 찾아오는 학교 너머학교

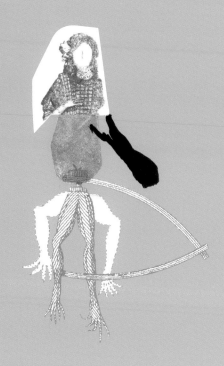

생각한다는 것
고병권 선생님의 철학 이야기
고병권 지음 | 정문주 · 정지혜 그림

탐구한다는 것
남창훈 선생님의 과학 이야기
남창훈 지음 | 강전희 · 정지혜 그림

기록한다는 것
오항녕 선생님의 역사 이야기
오항녕 지음 | 김진화 그림

읽는다는 것
권용선 선생님의 책 읽기 이야기
권용선 지음 | 정지혜 그림

느낀다는 것
채운 선생님의 예술 이야기
채운 지음 | 정지혜 그림

믿는다는 것
이찬수 선생님의 종교 이야기
이찬수 지음 | 노석미 그림

논다는 것
오늘 놀아야 내일이 열린다!
이명석 글 · 그림

본다는 것
그저 보는 것이 아니라 함께 잘 보는 법

김남시 지음 | 강전희 그림

잘 산다는 것
강수돌 선생님의 경제 이야기

강수돌 지음 | 박정섭 그림

사람답게 산다는 것
오창익 선생님의 인권 이야기

오창익 지음 | 홍선주 그림

그린다는 것
세상에 같은 그림은 없다

노석미 글 · 그림

관찰한다는 것
생명과학자 김성호 선생님의 관찰 이야기

김성호 지음 | 이유정 그림

너머학교 고전교실

삼국유사,
끊어진 하늘길과 계란맨의 비밀
일연 원저 | 조현범 지음 | 김진화 그림

생각이 찾아오는 학교 너머학교　　　　　　　　189

아Q정전,
어떻게 삶의 주인이 될 것인가

루쉰 원저 | 권용선 지음 | 김고은 그림

언제나 질문하는 사람이 되기를

고전이 건네는 말 5

수유너머R 지음 | 김진화 그림

질문과 질문으로 이어지는 생각 익힘책

생각연습

생각의 근육을 키우는 질문 34

리자 하글룬트 글 | 서순승 옮김 | 강전희 그림

공존의 터전

쿠바 알 판판 알 비노 비노

오로가 들려주는 쿠바 이야기

오로 · 김경선 지음 | 박정은 그림

그림을 그린 **김진화** 선생님은

대학교에서 회화를 공부하고 어린이 책에 그림을 그려 왔습니다. 여러 가지 재료로 물건을 만들어서 사진을 찍는 등 다양한 기법으로 재미있는 그림, 뜻을 담은 그림을 만들기 위해 애쓰고 있습니다. 『친구가 필요해』 『학교 가는 길을 개척할 거야』 『기록한다는 것』 『삼국유사, 끊어진 하늘길과 계란맨의 비밀』 『수학식당』 『너는 네가 되어야 한다』 『나를 위해 공부하라』 등 여러 책에 그림을 그렸습니다.

사진 제공

Wikimedia Commons, ivanillich.org

고전이 건네는 말 5

언제나 질문하는 사람이 되기를

2015년 11월 10일 제1판 1쇄 발행
2017년 5월 25일 제1판 2쇄 발행

지은이	수유너머R
그린이	김진화
펴낸이	김상미, 이재민

편집	김세희, 이원담
디자인기획	민진기디자인

종이	다올페이퍼
인쇄	청아문화사
제본	광신제책

펴낸곳	너머학교
주소	서울시 종로구 자하문로24길 32-12. 1층
전화	02)336-5131, 335-3366, 팩스 02)335-5848
등록번호	제313-2009-234호

ⓒ 수유너머R, 2015
이 책의 저작권은 저자에게 있습니다.
저자와 출판사의 허락 없이 내용의 일부를 인용하거나 전재하는 것을 금합니다.
ISBN 978-89-94407-37-1 44100
ISBN 978-89-94407-30-2 44000(세트)

너머북스와 너머학교는 좋은 서가와 학교를 꿈꾸는 출판사입니다.